Introdução ao psicodrama

CIP-BRASIL. CATALOGAÇÃO-NA-FONTE
SINDICATO NACIONAL DOS EDITORES DE LIVROS, RJ

R645i

    Rojas-Bermúdez, Jaime G.
    Introdução ao psicodrama / Jaime G. Rojas-Bermúdez ;
tradução José Manoel D'Alessandro. - São Paulo : Ágora, 2016.
    168 p.

    Tradução de: ¿Qué es el psicodrama?
    Inclui bibliografia
    ISBN 978-85-7183-173-5

    1. Psicologia. 2. Psicodrama. I. Título.

15-25715   CDD: 302.4
                                                                          CDU: 316.6

www.editoraagora.com.br

Compre em lugar de fotocopiar.
Cada real que você dá por um livro recompensa seus autores
e os convida a produzir mais sobre o tema;
incentiva seus editores a encomendar, traduzir e publicar
outras obras sobre o assunto;
e paga aos livreiros por estocar e levar até você livros
para a sua informação e o seu entretenimento.
Cada real que você dá pela fotocópia não autorizada de um livro
financia o crime e
ajuda a matar a produção intelectual de seu país.

Introdução ao psicodrama

JAIME G. ROJAS-BERMÚDEZ

EDITORA
ÁGORA

Do original em língua espanhola
¿QUÉ ES EL PSICODRAMA?
Copyright © 1970, 1977, 1980, 2016 by Jaime G. Rojas-Bermúdez
Direitos desta tradução adquiridos por Summus Editorial

Editora executiva: **Soraia Bini Cury**
Assistente editorial: **Michelle Neris**
Tradução: **José Manoel D'Alessandro**
Indicação editorial: **Norival Cepeda**
Capa: **Alberto Mateus**
Foto de capa: **Alberto Mateus**
Projeto gráfico e diagramação: **Crayon Editorial**
Impressão: **Sumago Gráfica Editorial**

Editora Ágora
Departamento editorial
Rua Itapicuru, 613 — 7º andar
05006-000 — São Paulo — SP
Fone: (11) 3872-3322
Fax: (11) 3872-7476
http://www.editoraagora.com.br
e-mail: agora@editoraagora.com.br

Atendimento ao consumidor
Summus Editorial
Fone: (11) 3865-9890

Vendas por atacado
Fone: (11) 3873-8638
Fax: (11) 3872-7476
e-mail: vendas@summus.com.br

Impresso no Brasil

A Editora Ágora agradece a Norival Cepeda o empenho e a dedicação para que esta edição fosse publicada, bem como aos herdeiros de José Manuel D'Alessandro, que não hesitaram em nos ceder os direitos de tradução.

A meus pacientes

Sumário

PRÓLOGO À SEGUNDA EDIÇÃO BRASILEIRA 11

INTRODUÇÃO À PRIMEIRA EDIÇÃO BRASILEIRA 17

INTRODUÇÃO 21

1 A SESSÃO DE PSICODRAMA 25

2 TÉCNICAS 39

3 TEORIA 45

4 PSICOTERAPIA PSICODRAMÁTICA 65

5 PSICODRAMA APLICADO 73

6 O PSICODRAMA APLICADO AO ENSINO DE PSIQUIATRIA 77

7 O PSICODRAMA COMO INSTRUMENTO 91

8 O "OBJETO INTERMEDIÁRIO" 97

9 A MÚSICA COMO "OBJETO INTERMEDIÁRIO" 107

10 MEMÓRIA, JOGO E DRAMATIZAÇÃO 115

11 PAPÉIS PSICOSSOMÁTICOS E NÚCLEO DO EU 125

12 CONSTRUÇÃO DE IMAGENS 131

13 HISTÓRIA DO PSICODRAMA................................ 135

POST-SCRIPTUM 145
NOTAS DO TRADUTOR 159
REFERÊNCIAS BIBLIOGRÁFICAS 161

Prólogo à segunda edição brasileira

DESDE SUA PRIMEIRA EDIÇÃO, em 1970, este livro vem acompanhando a formação da grande maioria dos psicodramatistas brasileiros. *Introdução ao psicodrama* é um texto de linguagem clara e direta, facilitando ao leitor apreender os principais tópicos da teoria de Moreno, acrescidos de contribuições pessoais do autor. Virtude nem sempre encontrada nos compêndios de psicoterapia, que, em razão da prolixidade, prejudicam o leitor na compreensão global do texto.

Esta segunda edição apresenta modificações que passo a apresentar.

O Capítulo 10, "Memória, jogo e dramatização", tem outra redação, enriquecida com novos dados, facilitando a compreensão dos conceitos aí emitidos.

Foram acrescentados dois capítulos: o Capítulo 11, "Papéis psicossomáticos e núcleo do Eu", e o Capítulo 12, "Construção de imagens". No primeiro, o autor introduz o leitor na sua importante abordagem do desenvolvimento da personalidade por meio de três funções fisiológicas indispensáveis: ingestão, defecação e micção. No segundo, o autor apresenta o processo de construção de imagens no psicodrama, outra contribuição pessoal de Jaime G. Rojas-Bermúdez. Além desses dois capítulos foi acrescido o "*Post-scriptum*", para o qual chamamos a atenção do leitor desejoso de conhecer fatos do movimento psicodramático latino-americano e internacional.

A "História do psicodrama", que, na edição anterior, foi desenvolvida no Capítulo 11, está agora acrescida de informações referentes ao período entre as duas edições, no Capítulo 13, atualizando o leitor quanto aos recentes rumos do movimento psicodramático latino-americano e internacional.

Aproveitando a oportunidade que me foi oferecida para prologar esta segunda edição, creio que seria interessante para o leitor acrescentar aos informes do movimento psicodramático internacional alguns dos principais acontecimentos do movimento psicodramático brasileiro desse período.

Na Introdução à primeira edição brasileira, foram citados o V Congresso Internacional de Psicodrama e o I Congresso Internacional de Comunidade Terapêutica, a se realizar em São Paulo.

Isso de fato ocorreu, em agosto de 1970, no Museu de Arte Moderna de São Paulo.

A organização do Congresso esteve a cargo do Grupo de Estudos de Psicodrama de São Paulo (GEPSP), sob os auspícios do World Center for Psychodrama, presidido por Jacob L. Moreno; e da Asociación Argentina de Psicoterapia de Grupo y Psicodrama (AAPGP), presidida por Jaime G. Rojas-Bermúdez.

Como coordenador do GEPSP e presidente do Congresso, tive a honra de ver coroado de sucesso nosso empreendimento. Houve uma grande participação brasileira (2,3 mil inscrições) e a presença e colaboração de vários delegados estrangeiros, representando o movimento psicodramático de seus países (Argentina, Escócia, Estados Unidos, França, Holanda, Inglaterra, Japão, Portugal, Suécia, Uruguai, entre outros), com suas contribuições teóricas.

Nos anos de 1969 e 1970, o psicodrama atingiu o ápice de sua divulgação e a América Latina era o terreno em que melhor se desenvolvia. O IV Congresso Internacional de Psicodrama, realizado em Buenos Aires em 1969, presidido por Rojas-Bermúdez, com aproximadamente 1,8 mil participantes, também havia obtido grande repercussão. Nesse Congresso, estiveram presentes muitos brasileiros.

Infelizmente, por ocasião do V Congresso Internacional de Psicodrama, começavam a surgir divergências tanto dentro do

GEPSP como dentro da Equipe Argentina, que ministrava a formação em São Paulo. Pouco tempo depois, o GEPSP e a Equipe Argentina cindiam-se internamente.

Os elementos do GEPSP formaram duas facções, que, em pouco tempo, se organizaram como entidades jurídicas: a Associação Brasileira de Psicodrama e Sociodrama (ABPS), que permaneceu vinculada a Rojas-Bermúdez e à AAPGP, e a Sociedade de Psicodrama de São Paulo (SOPSP), que manteve ligações com alguns elementos da Equipe Argentina, recém--desligados da AAPGP. A SOPSP, nos anos posteriores, continuou recebendo supervisão teórica de ex-alunos dissidentes de Rojas-Bermúdez.

Essa divisão enfraqueceu, ao menos temporariamente, o movimento psicodramático brasileiro. Muitos alunos do primeiro e segundo ano do antigo GEPSP não se filiaram nem à ABPS nem à SOPSP, abandonando sua formação.

O movimento psicodramático brasileiro, porém, nunca parou de crescer.

Do antigo GEPSP, originaram-se dez núcleos de formação psicodramática, em várias cidades brasileiras: Brasília, Campinas (2), Curitiba, Porto Alegre, Ribeirão Preto e São Paulo (4).

Alguns desses núcleos tiveram sua origem e desenvolvimento a partir da atuação direta e pessoal de alunos do antigo GEPSP, outros por meio de ligação direta com as entidades jurídicas psicodramáticas já existentes.

Conforme referi anteriormente, membros do GEPSP formaram a ABPS e a SOPSP. A ABPS deu origem ao núcleo de Brasília; a SOPSP, ao núcleo de Porto Alegre; e a ABPS e a SOPSP, conjuntamente, ao núcleo de Curitiba.

Participei pessoalmente da criação da ABPS (1970) e organizei a fundação da Associação Campineira de Psicodrama e Sociodrama (ACPS, 1973), do Instituto de Psicodrama de Ribeirão Preto (IPRP, 1975) e do Instituto Brasileiro de Psicodrama (IBP, 1976 – São Paulo).

Além dos núcleos citados, surgiram mais um em Campinas e outro em São Paulo.

Todos esses núcleos, após a formação das primeiras turmas, mantêm independência administrativa das entidades fundadoras ou dos fundadores pessoais.

Existem, ainda, outros núcleos de psicodrama no Brasil que não têm suas raízes no GEPSP.

Em Salvador, a Associação Baiana de Psicodrama (Asbap), que iniciou suas atividades após a realização da 1ª Semana de Psicodrama da Bahia em julho de 1973 e coordenada pelo dr. Waldeck d'Almeida, recebe orientação didática direta de Rojas-Bermúdez.

Os demais núcleos estão ligados a P. Weil, há muitos anos radicado em Belo Horizonte, que recebeu sua formação psicodramática na França. Seus trabalhos e orientação teórica diferem em muitos aspectos da linha psicodramática seguida nos núcleos que têm ou tiveram ligações com Rojas-Bermúdez, o qual recebeu sua formação psicodramática em Beacon, com o criador do psicodrama J. L. Moreno.

Pessoalmente, e como representante de entidades jurídicas psicodramáticas, continuei a manter relações profissionais e de amizade com Rojas-Bermúdez e a AAPGP.

Dessas relações surgiram quatro Encontros Argentino--Brasileiros: Buenos Aires (1972), Guarujá (1973), Mendoza (1974), Cafayate (1976) e um Congresso Latino-Americano de Psicodrama (Buenos Aires, 1975). Esses encontros foram organizados pela ABPS e pela AAPGP. No final de 1973, embora desligado da ABPS, continuei na organização dos encontros, na condição de membro fundador da Federação Latino-Americana de Psicodrama (Flas, 1973). Esses encontros têm como objetivo manter um intercâmbio de conhecimentos, indispensável ao crescimento científico. Vários trabalhos brasileiros surgiram, numa contribuição nacional para o enriquecimento da teoria psicodramática.

INTRODUÇÃO AO PSICODRAMA

Esses eventos, com os estímulos e motivações que produzem, propiciaram a exposição de trabalhos sobre minhas experiências profissionais e produções científicas elaborados nesse período: em Buenos Aires (1972), "O papel-objeto"; no Guarujá (1973), "O papel do dormidor"; em Buenos Aires (1975), "O papel da ação na atividade psíquica"; e, em Cafayate (1976), "O psiquismo em repouso e em ação". Estes dois últimos temas fazem parte do livro *Psicodrama e psicoterapia*, que editei em dezembro de 1976.

Segundo as informações de que disponho, ocorreram apenas três jornadas entre núcleos de formação brasileiros: Ribeirão Preto (1975), Campinas (1976) e Águas de São Pedro (1976). Essas jornadas foram organizadas pelo IBP, pela ACPS e pelo IPRP. As duas primeiras jornadas foram dirigidas por Rojas-Bermúdez, que apresentou sua teoria do núcleo do Eu e o manejo de jogos dramáticos. Na última jornada, apresentei a teoria da distribuição bioenergética e psicodrama, contida no livro *Psicodrama e psicoterapia*. Participaram dessas jornadas os membros do IBP, da ACPS e do IPRP.

Entretanto, muitas dessas realizações nem sempre tiveram a colaboração daqueles núcleos que não participaram dessas promoções, ainda que convidados a fazê-lo. O desenvolvimento de vários núcleos ocorreu de forma independente e inarticulada.

Somente agora os núcleos estão se unindo, por meio da criação da Federação Brasileira de Psicodrama (Febrap), oficializada em novembro de 1976. Essa entidade objetiva reunir todos os núcleos de psicodrama existentes no Brasil, e está dentro de seus planos a realização do I Congresso Brasileiro de Psicodrama, ainda este ano. Estão imbuídos dos mesmos anseios de união e cooperação o IBP, a ACPS e o IPRP, entidades fundadoras da Febrap, às quais estou diretamente vinculado desde suas origens.

Espero ter demonstrado ao leitor que não houve nenhum hiato histórico no movimento psicodramático brasileiro, de 1970 até a fundação da Febrap, como provam as realizações desse período: congressos, encontros, jornadas, realizações teóricas e criação de novos núcleos.

A Febrap conseguiu reunir 14 núcleos fundadores, 11 dos quais originados de psicodramatistas que receberam sua formação psicodramática de Rojas-Bermúdez.

Esses números são citados para que o leitor perceba a importância histórica e científica do autor deste livro.

Rojas-Bermúdez e sua obra estão estreitamente vinculados aos principais acontecimentos do movimento psicodramático internacional, particularmente da América Latina e do Brasil.

Foi, para mim, uma honra prologar esta segunda edição de *Introdução ao psicodrama*, pela oportunidade de esboçar o histórico do movimento psicodramático brasileiro, pela importância científica desta obra e pelos laços profissionais e de amizade com Rojas-Bermúdez.

Alfredo Correia Soeiro
São Paulo, janeiro de 1977

Introdução à primeira edição brasileira

ATÉ 1968, O PSICODRAMA era muito pouco conhecido entre nós. Poucos eram os que trabalhavam com essa técnica e a formação era feita de maneira autodidata. O dr. Jaime G. Rojas--Bermúdez já era conhecido por sua atuação no II Congresso Internacional de Psicodrama e Sociodrama, realizado em 1966, em Barcelona, do qual participaram alguns profissionais paulistas. Posteriormente, durante a realização do V Congresso Latino--Americano de Psicoterapia de Grupo, em 1967, em São Paulo, entramos em contato direto com o dr. Rojas-Bermúdez. Nessa ocasião, dirigiu um psicodrama público, aberto aos congressistas, e mais dois ou três em ambientes profissionais, aceitando convites que lhe fizemos. Esses psicodramas foram o catalisador de uma reação em cadeia que vem modificando o meio psiquiátrico de São Paulo.

Já se fazia sentir a necessidade de uma psiquiatria que se dirigisse mais aos núcleos sociais, que saísse dos consultórios, que empregasse métodos psicoterápicos mais dinâmicos e, ao mesmo tempo, fizesse que nossos hospitais fossem centros de uma psiquiatria social. Que outra técnica e outro espírito poderiam vingar nesse meio, senão os do psicodrama e da sociometria? Não podemos nos esquecer que Moreno iniciou seu trabalho, o trabalho de sua vida, nas ruas, nas praças e nos campos de refugiados. Só posteriormente é que passou ao consultório, mas sempre se dirigindo a grupos estranhos a este.

Nesse ambiente, foi fundado o Grupo de Estudos de Psicodrama de São Paulo (GEPSP), em fevereiro de 1968, pelo dr. Jaime G. Rojas-Bermúdez. Teve início, então, a formação regular de psicodramatistas. Em abril de 1969, o grupo filiou-se à Asociación Argentina de Psicodrama y Psicoterapia de Grupo. No momento, o GEPSP conta com cerca de 140 médicos e psicólogos, que fazem sua formação de Diretores e Egos-auxiliares de Psicoterapia Psicodramática, além de mais de 60 pedagogos e professores que fazem o curso de Diretores e Egos-auxiliares de Técnicas Dramáticas Aplicadas ao Ensino. O psicodrama, o sociodrama e o treinamento de papéis estão sendo largamente aplicados. Alguns médicos e psicólogos de cidades do interior de São Paulo, como Campinas, Ribeirão Preto, Araçatuba, e também de algumas capitais de outros estados, como Rio, Belo Horizonte, Curitiba e Recife, estão fazendo sua formação nos cursos do GEPSP.

Existe uma movimentação dentro de nossos hospitais. Procuramos novas diretrizes no atendimento aos pacientes e, nessa procura, o psicodrama, o sociodrama e a sociometria estão presentes como sinais indicativos fundamentais. Não é por acaso que, juntamente com o V Congresso Internacional de Psicodrama e Sociodrama, será realizado o I Congresso Internacional de Comunidade Terapêutica. O Brasil e particularmente São Paulo têm a honra de ser sua sede.

Em outro campo, as escolas também são atingidas. Técnicas dramáticas começam a ser empregadas no ensino e na orientação pedagógica.

Como molas propulsoras, os cursos de formação e as equipes de trabalho do GEPSP (equipes de diretores, de egos-auxiliares, de publicação, de difusão para o interior e outros estados, de sociometria, de pedagogia etc.) estão em pleno funcionamento.

Nos grupos de treinamento de papel, parte fundamental dos cursos de formação de psicodramatistas, de terapeutas e não terapeutas, a cada momento esbarramos com a dificuldade de encon-

INTRODUÇÃO AO PSICODRAMA

trar a bibliografia necessária. Não temos, até o presente, nenhuma obra de Moreno publicada em português[1]. As obras publicadas em outras línguas são difíceis de ser encontradas. Um dos textos básicos mais usados por nós é o *¿Qué es el psicodrama?*, de Rojas--Bermúdez (Ed. Genitor, Buenos Aires, 1967). Utilizamos também alguns de seus artigos, publicados em números da revista *Cuadernos de Psicoterapia* (Ed. Genitor, Buenos Aires). Esses números, na sua maioria, estão esgotados. Visando minorar essa dificuldade, durante os contatos que mantivemos com o dr. Rojas-Bermúdez, surgiu a ideia de publicar, em português, o texto do livro *¿Qué es el psicodrama?*, ampliado no capítulo "A sessão de psicodrama" e acrescido dos artigos mais importantes publicados na citada revista, além do capítulo "Memória, jogo e dramatização", inédito ainda.

Introdução ao psicodrama é um texto básico para aqueles que iniciam a formação de diretor ou de ego-auxiliar, tanto para os psicoterapeutas quanto para os professores, pedagogos etc.

José Manoel D'Alessandro
São Paulo, maio de 1970

---

1. Nos últimos anos, a Editora Ágora publicou três livros de Moreno: *Fundamentos do psicodrama*, *O teatro da espontaneidade* (ambos em coedição com o Daimon) e *Jacob Levy Moreno – Autobiografia*. [N. E.]

Introdução

O PSICODRAMA É UMA técnica psicoterápica cujas origens se acham no teatro, na psicologia e na sociologia. Do ponto de vista técnico, constitui, em princípio, um processo de ação e de interação. Seu núcleo é a dramatização. Diferentemente das psicoterapias puramente verbais, o psicodrama faz intervir, manifestamente, o corpo em suas variadas expressões e interações com outros corpos. Essa intervenção corporal envolve o compromisso total com o que se realiza, compromisso que é fundamental para a terapia e, consequentemente, para o indivíduo e para o desenvolvimento de melhores e mais completos meios de comunicação com seus semelhantes. No psicodrama, não se deixa de fato o verbal, mas, pelo contrário, hierarquizam-se as palavras ao incluí-las em um contexto mais amplo, como é o dos atos. Assim, o indivíduo responsabiliza-se pelo que diz e pelo que faz. Do ponto de vista psicoterápico, essa participação corporal demonstrou, de maneira convincente, ser um valioso método para evidenciar as defesas conscientes e inconscientes do paciente, assim como sua conduta e quadros patológicos.

"Historicamente, o psicodrama representa o ponto decisivo na passagem do tratamento do indivíduo isolado para o tratamento do indivíduo em grupos; do tratamento do indivíduo com métodos verbais, para o tratamento com métodos de ação" (J. L. Moreno).

O psicodrama, além disso, é uma técnica de psicoterapia direta, isto é, nela o processo terapêutico se realiza no "aqui e agora", com todos os elementos emocionais constitutivos da situação patológica, que se expressam por meio das personagens e circunstâncias concorrentes. O psicodramatista pode assim atuar *in vivo*, objetivando e analisando a situação presente, quantas vezes for necessário para seu esclarecimento e compreensão. Por outro lado, a transcendência do psicodrama vai desde o individual até o social; mais ainda, suas peculiaridades amalgamam ambos de tal maneira que os faz inseparáveis. O enfoque centrado no indivíduo leva, inevitavelmente, ao reconstruir a cena, ao contexto social em que ela se desenvolveu. O enfoque no grupo social leva, inevitavelmente, ao ser dramatizada a cena, a individualizar as personagens que constituem esse grupo e a caracterizá-las.

A dramatização permite, assim, uma visão conjunta e uníssona desses dois enfoques, bem como de suas interações e influências mútuas.

O psicodrama coloca o indivíduo em seu meio, não o trata como um ser isolado. O homem isolado, só, é uma abstração, não existe. Para ser, nascer, crescer, viver e reproduzir-se, necessita de outros. O psicodrama reconstrói o contexto de cada indivíduo e o põe em movimento. As interações manifestam-se, e já não é o indivíduo isolado o que dramatiza, mas um grupo que expressa suas inter-relações. O psicodrama investiga ao máximo os vínculos e suas características. Não se detém no vínculo bipessoal, mas, além dele, estuda e investiga os vínculos multipessoais e suas influências conjuntas, *in toto*, sem separá-los. Relatar linearmente determinada situação, na qual o indivíduo se vai referindo, sucessivamente, a cada uma das personagens atuantes, não é o mesmo que reviver tal situação com todas as personagens atuando ao mesmo tempo, tal como aconteceu. No relato linear, tais personagens vão surgindo uma após outra, e o paciente vai se referindo ao vínculo e suas características, bem como aos fatos ocorridos entre eles, *sucessiva* e não *simultaneamente*. Na técnica psicodramática, a estrutura particular existente no momento dos fatos é de fundamental importância para a compreensão e expli-

INTRODUÇÃO AO PSICODRAMA

cação das condutas ocorridas. É por isso que a reconstrução espacial e temporal faz parte da rotina psicodramática, e, a partir dela, se iniciam as dramatizações. Daremos a seguir um exemplo no qual a reconstrução permite o esclarecimento de um sintoma.

Marianinha tem 6 anos e há três frequenta o jardim de infância. Até a data da consulta nunca apresentou problemas de adaptação no jardim.

A menina é levada à consulta, por não querer mais ir à escola, dizendo que a professora a castigou. Aconselha-se ao pai que fale com a professora para esclarecer a situação. Pai e filha conversam com a professora, e Marianinha fica na escola. Depois de vários dias, o problema reaparece. A menina se queixa, dizendo que um menino bate nela. Essa é a razão de não querer ir. Há nova entrevista com a mestra, mas, dessa vez, a menina recusa-se a ficar. Diante dessa situação, recorre-se ao psicodrama diagnóstico. Marianinha entra em um grupo diagnóstico. Sua dramatização é a seguinte:

Na escola. Estão em aula. Ela distribui os bancos em forma circular, esclarecendo que são mesas com cadeirinhas independentes. Coloca, em seguida, as crianças e elege um dos egos--auxiliares para o papel de professora. É de manhã, e acabam de chegar. O diretor sugere que os meninos e meninas devem, ao chegar, ir se colocando em seus respectivos lugares. Pede-se à Marianinha que descreva tudo que costuma acontecer quando chegam as crianças, onde deixam suas coisas e qual é o movimento da classe. Repete-se a cena com esses novos dados e a professora intervém para dar vida à dramatização e fazer que as crianças entrem na situação. Obtém-se assim uma cena do jardim de infância e, com base nos fatos contados por Marianinha, a dramatização vai-se desenvolvendo até conseguir um bom nível de espontaneidade. As crianças se movem com desenvoltura, iniciando a interação e criando o clima emocional adequado. Marianinha está entusiasmada e fala com seus companheiros. De repente se detém e, dirigindo-se ao diretor, diz que falta

Alexandre. Pergunta-se a ela quem é Alexandre e onde se senta na classe. Marianinha explica que é um menino anão que tem a cabeça muito grande e a assusta muito (Alexandre, efetivamente, é um menino acondroplásico), que antes se sentava longe, mas agora se senta na frente dela. Passam-se a dramatizar duas situações: com Alexandre longe e em frente. Nesse exemplo, pode-se observar como, ante a reconstrução da situação traumática, emergiu facilmente uma recordação dissociada, que, no relato linear, não aparecia. Nesse caso, as defesas do Eu mantinham fora da consciência a relação existente entre o acontecimento traumático (a presença de Alexandre) e o afeto ligado a ele (medo e fuga). A menina temia ir ao jardim de infância, mas não tinha consciência do porquê de seu medo e buscava explicação mais coerente para ela. A dramatização permitiu o afloramento à consciência do fato traumático, ao ser reconstruída a situação e ao pôr em movimento, simultaneamente, todos os elementos constitutivos daquele fato. A reconstrução dramática atuou, pois, terapeuticamente, ainda antes de qualquer outro tipo de intervenção do psicoterapeuta.

1. A sessão de psicodrama

COMO EM OUTRAS PSICOTERAPIAS, a sessão constitui o campo de ação no qual se opera com técnica e finalidades determinadas. Sua estrutura tem de estar, pois, em íntima relação com seus procedimentos e possibilidades. No caso do psicodrama, para se operar, levam-se em conta: três contextos, cinco instrumentos fundamentais e três etapas ou períodos.

CONTEXTOS

- Social
- Grupal
- Dramático

CONTEXTO SOCIAL

Corresponde ao extragrupo, à chamada "realidade social" por Moreno. É regido por leis e normas sociais que impõem ao indivíduo que o integra determinadas condutas e compromissos. É desse contexto que provém o material trazido pelos pacientes para a sessão. Nesse contexto vivem e nele ficaram doentes. O que nos dirão será, pois, um relato dos fatos ocorridos em determinado meio e com sua perspectiva particular.

CONTEXTO GRUPAL

É constituído pelo próprio grupo. Acha-se formado por todos os integrantes, tanto pacientes como terapeutas, suas interações e o produto destas, isto é: seus costumes, normas e leis particulares. Esse contexto é sempre particular a cada grupo, apesar de o enfoque terapêutico ser constantemente o mesmo. Vai dando origem à sua história, e a história, por sua vez, passa a formar parte do contexto, caracterizando-o e diferenciando-o dos demais grupos.

Do ponto de vista formal, o contexto grupal corresponde ao grupo sentado ao redor do cenário. Quanto ao grau de compromisso, é semelhante ao contexto social, no sentido de que cada indivíduo deve fazer-se responsável por seus atos e palavras perante outros indivíduos e perante o grupo. O compromisso é, pois, total. Mas diferencia-se do contexto social por sua maior liberdade, tolerância e compreensão, dadas as finalidades terapêuticas prefixadas e conhecidas por todos.

CONTEXTO DRAMÁTICO

É a cena montada pelo protagonista e pelo diretor. Tratando-se de um produto do protagonista, sua estrutura está cheia de significações e sugestões a ser levadas em conta durante o processo dramático. É neste contexto artificial e fantástico que os protagonistas desenvolvem seus papéis em um permanente "como se". Essa circunstância acentua a separação entre contexto grupal e dramático, entre realidade e fantasia, entre indivíduo e papel. No cenário, desempenham-se papéis, interpretam-se papéis, interatua-se de uma maneira particular; cenas podem ser feitas e desfeitas; modificam-se acontecimentos; trocam-se personagens; altera-se o tempo etc. etc. Tudo isso contribui para diminuir as tensões intrapsíquicas do protagonista. No cenário, procura-se transformar um campo tenso em campo relaxado por meio da diminuição do compromisso pessoal que permita, por sua vez, uma visão mais ampla do conflito colocado.

Temos, assim, diferentes compromissos, conforme o contexto em que estamos atuando. Por exemplo: se o paciente desempenha, no cenário, o papel de ladrão e age como se roubasse, sabe que nenhuma consequência advirá desse fato de ficção e que,

INTRODUÇÃO AO PSICODRAMA

portanto, pode desempenhar tranquilamente, pondo toda sua inteligência a serviço do referido papel. Se, pelo contrário, rouba no contexto grupal, sabe que, se for descoberto, terá de se responsabilizar pelo fato perante o grupo e, portanto, compreende que está se comprometendo totalmente como pessoa. O compromisso, nesse contexto, é, entretanto, menor que aquele que existe no contexto social, por tratar-se de um grupo terapêutico no qual costuma haver maior tolerância e compreensão para a conduta humana. Se, por outro lado, rouba dentro do contexto social, sua responsabilidade será total e deverá responder por seu ato delituoso perante as autoridades correspondentes.

Dentro do processo terapêutico, cuida-se especialmente da separação entre os contextos, com o fim de fornecer ao paciente um ambiente especial no qual se sinta suficientemente seguro e protegido para poder expressar, por meio dos papéis desempenhados, seus mais ocultos sentimentos e realizar seus mais temidos atos.

INSTRUMENTOS FUNDAMENTAIS

- Protagonista ou paciente
- Cenário
- Egos-auxiliares
- Diretor ou terapeuta
- Auditório

PROTAGONISTA OU PACIENTE

É a pessoa em torno da qual se centraliza a dramatização. Traz o tema para dramatizar e, ao mesmo tempo, o desempenha. É, pois, autor e ator. De acordo com o diretor, constrói o contexto dramático e dá as primeiras diretivas nas cenas que vão ser levadas.

Nos psicodramas grupais, o protagonista é considerado o emergente dramático do grupo e, como tal, sua produção é valorizada do ponto de vista individual e grupal.

O protagonista nem sempre é um indivíduo, pode ser um grupo. Nesse caso, o psicodrama denomina-se sociodrama.

CENÁRIO

Lugar onde, habitualmente, se realiza a dramatização. De preferência, deve ser circular e com vários estrados. Os pés dos integrantes do auditório deverão tocar o primeiro estrado, com o fim de diminuir ao máximo a distância entre o contexto grupal e o dramático.

O cenário constitui o campo terapêutico do psicodrama. Nele se constrói o contexto dramático e se opera com técnicas especiais.

Como instrumento psicodramático, o cenário dá à técnica um campo particular onde aplicá-la. O paciente encontra, assim, um espaço livre para manifestar-se; e o terapeuta, um lugar, um campo onde trabalhar *in vivo*. O protagonista, por outro lado, ao subir no cenário, tem clara consciência de que tudo que vai acontecer é um "como se" e de que, portanto, nada do que se faça ou se diga é irreparável.

Os estrados clássicos do cenário psicodramático são três. O primeiro deles, o mais baixo, que entra em contato com o público, é o da concepção. Nele, o diretor realiza o aquecimento, o encontro com o protagonista e a concepção da dramatização. O segundo estrado é o do crescimento, onde o diretor e o protagonista se colocam para planejar as primeiras cenas e criar o contexto dramático. O terceiro é o da consumação e ação. De preferência, é nele que se colocam o protagonista e os egos-auxiliares para levar a cabo a dramatização.

Em alguns teatros psicodramáticos, há um quarto nível: a galeria, onde se desempenham papéis que exigem uma acentuação das distâncias físicas. Em geral, é o nível dos "messias" e dos "heróis".

EGOS-AUXILIARES

São os integrantes da equipe terapêutica, com conhecimentos psicológicos e treinamento psicodramático prévio. São elementos fundamentais para a dramatização, já que devem colaborar diretamente com o protagonista, encarnando personagens e criando o clima necessário para o processo terapêutico.

Se o cenário constitui o campo terapêutico, os egos-auxiliares são os principais instrumentos com que o diretor opera. É por isso que não basta uma boa formação do diretor e dos egos--auxiliares para que a equipe terapêutica funcione. É necessário, além disso, o desenvolvimento de um vínculo entre esses papéis complementares que permita um funcionamento harmônico e operante. A partir de tal situação, tanto o diretor como o ego--auxiliar poderão trabalhar com segurança. O diretor deve estar seguro de que suas mensagens terapêuticas não serão desvirtuadas; e o ego-auxiliar, de que o diretor saberá protegê-lo no caso de situações difíceis de manejar.

O ego-auxiliar é, pois, um prolongamento do diretor que entra em contato com o paciente; mas, além disso, pode estar a serviço do protagonista e ser um instrumento dele. Assim, o ego--auxiliar é uma espécie de intermediário entre eles.

Funções:

- De ator: encarnando o papel requerido pelo protagonista.
- De agente terapêutico: levando o indivíduo às situações visadas pelo diretor, esclarecendo-lhe, ao mesmo tempo e por meio do papel, os escotomas observados. Como prolongamento do diretor, leva à dramatização as ideias dele, por intermédio dos papéis desenvolvidos, adaptando-os às circunstâncias e aos imprevistos que vão aparecendo. O ego--auxiliar deverá tomar a ideia do diretor e transformá-la em ação, tendo especial cuidado em harmonizá-la com o contexto encenado e o papel complementar do protagonista.
- De investigador social: em pleno processo dramático pode observar e registrar as características do vínculo com o protagonista. É, pois, um observador participante, que deve deixar--se envolver pela situação para poder detectar os detalhes e as finezas das relações interpessoais em jogo.

DIRETOR OU TERAPEUTA

É o responsável pelo psicodrama nos seus diferentes aspectos. Como tal, deve possuir uma sólida formação psicodramática que lhe permita mover-se com comodidade e eficácia.

Funções:

- De produtor: como tal, compete a ele discriminar o material trazido pelo protagonista, as cenas que considera convenientes para dramatizar e sugerir outras novas que ampliem a visão do paciente e favoreçam seu *insight*.
- De terapeuta: o diretor deve manter o enfoque terapêutico em cada uma das etapas da sessão e não permitir seu desvirtuamento. Cabe a ele, como tal, iniciar a sessão; realizar o aquecimento inespecífico e específico; detectar o emergente grupal, se se tratar de um grupo, e facilitar sua concretização em um protagonista; intervir na encenação; dirigir os egos--auxiliares, quando considerar oportuno; dar as senhas; introduzir novas técnicas; cortar cenas; dar por terminada a etapa de dramatização; estimular os comentários do auditório; realizar a análise individual e grupal e dar por finalizada a sessão.
- De analista social: por meio do material trazido pelos egos--auxiliares, pelos integrantes do auditório e de suas próprias observações, estará em condições de analisar o referido material em relação ao protagonista, ao grupo terapêutico e aos grupos sociais representados pelos integrantes, assim como suas interações, pautas e normas.

AUDITÓRIO

Corresponde ao conjunto de pessoas que se encontram no contexto grupal, isto é, fora do campo terapêutico (cenário). Do auditório participam, pois, tanto pacientes como egos-auxiliares.

Funções:

- Em relação ao protagonista: sua presença dá maior riqueza, intensidade e compromisso aos atos realizados no cenário. O protagonista emerge do grupo, do anonimato e, de certa forma, defronta-se com a sociedade. Tudo que se diz e faz é avaliado e observado de diversas maneiras. Cada um opera de acordo com seu particular ponto de vista, o que, por sua vez, corresponde à ideologia do grupo social a que pertence. Assim o protagonista tem, ante seus olhos, uma ampla gama de possibilidades, de censuras e de aplausos. A interação não se realiza com um só indivíduo, mas com vários. As reações perante esses diferentes estímulos se prestam, além disso, para ulterior análise ou dramatização.

- Em relação ao próprio auditório: a presença de outras pessoas no auditório dá uma particular coesão ao grupo espectador, fenômeno relacionado com seu número e grau de relação existente entre as pessoas que o compõem. Um número elevado de integrantes favorece a inibição pessoal e aumenta o compromisso afetivo despertado pela dramatização. Nos psicodramas públicos, nos quais a variável mais importante é a composição do auditório, podem-se observar melhor fenômenos desse tipo. Por exemplo: a existência de conhecidos entre o público diminui os fenômenos puramente afetivo-grupais, por temor à individualização.

Os fenômenos afetivos produzidos nos psicodramas públicos assemelham-se aos que ocorrem nas massas, em que o número é elevado e seus componentes são desconhecidos entre si. Nos psicodramas privados, em que todos os integrantes se conhecem, embora a intensidade afetiva alcançada seja alta, é de outra qualidade, pois é mais discriminada, mais pessoal. Pareceria, pois, que o isolamento existente entre pessoas desconhecidas, que se reúnem para compartilhar determinado tipo de experiência, condiciona ou favorece um tipo de expressão caracterizada pela repercussão no auditório. É como se o isolamento favorecesse a intensidade e, uma vez alcançado certo nível, se difundisse globalmente, envolvendo seus componentes. No caso de grupos nos quais os integrantes são conhecidos e o isolamento é pequeno, pela existência de intercomunicação (possibilidade de trocar informações em qualquer momento), é difícil chegar a situações semelhantes por esse caminho. Entretanto, pode-se consegui-las por meio das cenas trabalhadas e elaboradas em comum.

ETAPAS

- Aquecimento
- Dramatização
- Comentários ou análise

AQUECIMENTO

Conjunto de procedimentos que intervêm na preparação de um organismo para que se encontre em ótimas condições para a ação. Desse ponto de vista, devemos considerar dois tipos de aquecimento: o inespecífico e o específico. Por exemplo: todos os exercícios prévios que realiza o atleta antes da prova, a fim de preparar o organismo para o esforço, constituem um aquecimento inespecífico, e aqueles dirigidos a estimular especialmente determinadas unidades neuromusculares que vão participar de uma ação específica (lançamento, salto etc.) constituem um aquecimento específico.

Aquecimento inespecífico

O aquecimento inespecífico na sessão de psicodrama corresponde ao primeiro período da sessão, durante o qual o diretor entra em contato com o auditório com o fim de realizar uma atividade comum. Consiste em um conjunto de procedimentos destinados a centralizar a atenção do auditório, diminuir os estados de tensão e facilitar a interação.

INTRODUÇÃO AO PSICODRAMA

Esses procedimentos estão a cargo do diretor, e a ele compete pô-los em execução.

Iniciam-se com as primeiras palavras que dirige ao auditório e continuam com os comentários que faz sobre tudo que observa nesse primeiro contato com o grupo, assim como os interrogatórios informais ou a introdução de material de sessões anteriores etc. Trata-se, pois, de pôr o grupo em atividade para que se manifeste por meio de suas interações e permita observar a dinâmica em jogo, que dará origem à ação do protagonista.

Aquecimento específico

É aquele que se realiza com o protagonista emergente do grupo. Corresponde ao conjunto de procedimentos destinados à preparação do protagonista para que este se encontre nas melhores condições para dramatizar.

Da mesma forma que no aquecimento inespecífico, é o diretor quem deve realizá-lo. Começa com o encontro entre o diretor e o protagonista e prossegue com a seleção das cenas a ser dramatizadas, bem como com a construção do contexto dramático e a definição das personagens que vão intervir. O protagonista encontra-se, agora, no cenário, destacando-se do resto do grupo, diante dele e próximo à dramatização.

Inicia-se, então, *o aquecimento específico para o papel* que vai ser dramatizado. Até esse momento, era somente o diretor quem dava vida às personagens e às situações. Nesse instante, quando uma parte do seu mundo interno está no cenário, é ele quem deve assumir um papel nesse contexto e delegar o resto aos egos-auxiliares.

O aquecimento específico para o papel é realizado com o protagonista em ação, isto é, enquanto representa o papel. Nesse sentido, muitas cenas têm mais função de aquecimento que de dramatização. Além disso, e já em plena dramatização, ao inverter os papéis, por exemplo, pode haver necessidade de um novo aquecimento para um novo papel. Vemos, pois, que aquecimento e dramatização se imbricam durante o período de dramatização.

Por outro lado, sua relação é ainda mais íntima e profunda, já que são diferentes aspectos de um mesmo processo. Um bom aquecimento dá lugar a uma boa dramatização; e uma boa dramatização, a uma ação terapêutica efetiva.

DRAMATIZAÇÃO

É a segunda etapa da sessão de psicodrama. Seu nome deriva da palavra "drama" (tradução do grego, que significa ação, realização).

A dramatização é o núcleo do psicodrama e o caracteriza. Durante sua realização, o material trazido pelo protagonista é tratado com técnicas ativas, com o fim de concretizá-lo e plasmá-lo em seu contexto particular e dentro de um campo terapêutico que permita:

a. Observar *in vivo* e no "aqui e agora" toda a estrutura do material a investigar simultânea e não sucessivamente.
b. Estudar seus dinamismos psicossociais.
c. Transformar o material anedótico em material presente e vivencial que comprometa afetivamente os participantes.
d. Operar terapeuticamente no "aqui e agora".
e. Verificar as modificações ocorridas pela introdução de elementos terapêuticos e sua estabilidade.
f. Controlar a evolução do quadro clínico por meio de provas de realidade experimentais.

Praticamente, a dramatização inicia-se com o encontro entre o diretor e o protagonista.

O diretor interroga e investiga o protagonista, em busca da cena mais adequada para iniciar a dramatização. Uma vez alcançado esse objetivo, realiza-se a representação.

O protagonista dá o tema, as situações, as personagens, e o diretor os enquadra dentro das técnicas psicodramáticas.

O material trazido pelo protagonista é posto em cena com a maior fidelidade possível, sem descuidar de nenhuma de suas circunstâncias. Trata-se de levar em conta tanto o material específico (um sintoma, por exemplo) quanto o inespecífico (contexto), de tal maneira que se possa observar a estrutura que o protagonista dá a seu material, assim como suas interações.

O diretor, pouco a pouco, vai criando o clima afetivo correspondente para alcançar o maior compromisso do protagonista com o contexto dramático, de sorte que atue como se estivesse em seu meio natural. Uma vez alcançado o clima, entra-se em um período do processo terapêutico no qual o diretor realiza suas intervenções terapêuticas principalmente por meio dos egos-auxiliares ou do contexto dramático. A finalidade é alcançar o *insight* psicodramático.

Moreno considera que a dramatização, para cumprir sua ação terapêutica, deve preencher os seguintes requisitos:

a. Alcançar um alto grau de espontaneidade.
b. Obter uma boa representação, adequada à situação e ao protagonista. O material verbal trazido pelo paciente terá de se transformar em imagens cênicas dentro das quais vai atuar: "supera-se o nível verbal incluindo-o no nível da ação".
c. Ficar envolvido e comprometido na ação (*princípio de participação – involvement*). Não bastam a encenação e a representação. É necessário o compromisso afetivo e emocional. Para isso, a técnica psicodramática dá ao diretor os instrumentos necessários para que a dramatização alcance um nível vivencial terapêutico e não de simples cenas teatralizadas.
d. Externar e representar diferentes personagens, reais ou imaginárias, concretizando as imagens (*princípio de realização*). Trata-se, pois, de representar os papéis próprios e alheios, com os quais se esteve vivendo, interatuando ou simplesmente fantasiando, para manifestar o tipo de vínculo que o protagonista percebe, seja deformado ou não. Mas, além disso, deverá desempenhar esses papéis sob outros pontos de vista, com a finalidade de comparar e tomar consciência de outras colocações diferentes da sua.

e. Permitir a introdução, na ação dramática, de todo indício dado pelo protagonista.

f. Não perder jamais o contato com o auditório.

g. Manter uma congruência entre a dramatização e a linha vital do indivíduo.

COMENTÁRIOS OU ANÁLISE

É a terceira e última etapa de cada sessão psicodramática. Nela, a atenção centraliza-se no auditório e solicitam-se aos membros opiniões referentes à dramatização em si, ao protagonista e a eles mesmos.

O material recolhido vai agregando diversos aspectos significativos para cada um dos participantes, contribuindo, dessa maneira, para formar a opinião grupal sobre o tema dramatizado e sobre o protagonista.

Nessa etapa, volta-se ao grupo e, junto com ele, elaboram-se diversos aspectos da dramatização, levando em consideração: o ponto de partida da sessão, o que foi dramatizado e o material atual do grupo. Destarte, trata-se de integrar os aspectos individuais com os grupais e suas interações dentro da sessão. Dentro da dinâmica da sessão, considera-se o protagonista um emergente do indivíduo para o grupo. A dramatização, como espetáculo, focaliza a atenção nas personagens do cenário e diminui as resistências diante do afloramento de vivências desencadeadas pelas personagens. Essas vivências, que o diretor deve investigar, se não aparecerem espontaneamente, formam o principal caudal do emergente grupal desencadeado pela dramatização. Assim sendo, o isolamento de cada um dos integrantes do auditório começa a desvanecer-se e a transformar-se em novos focos de comunicação. O material anedótico do começo, quase sempre proveniente do contexto social, é substituído, agora, por um material do "aqui e agora" vivencial e, portanto, carregado de afeto. O trabalho esclarecedor do terapeuta realiza-se, então, sobre um material concreto, compartilhado por todos e não referido a um passado remoto.

A busca sistemática das vivências experimentadas pelo auditório tem, além disso, um sentido de apoio para o protagonista, pois diminui consideravelmente a persecutoriedade do grupo.

ABERTURA DA SESSÃO

ANTES DO INÍCIO DE cada sessão, o ambiente psicodramático deve estar preparado, observando-se a presença das duas cadeiras, que simbolizam o psicodrama, no meio do cenário. A posição dessas cadeiras é a de contato por um de seus pés dianteiros, em um ângulo de aproximadamente 90 graus. Essa posição simboliza o encontro, em contraposição com a que se utiliza no teatro, onde as personagens desempenham os papéis previamente aprendidos e não precisam interatuar para desenvolver um vínculo. As cadeiras, nesse caso, não se defrontam e se contatam pelos pés posteriores. Além disso, chamam a atenção para o cenário e constituem já um foco de estímulos, mesmo antes de iniciada a sessão.

Moreno inicia a abertura da sessão fora do cenário, ou no primeiro estrado. Nós utilizamos duas aberturas básicas, conforme o tipo de psicodrama: no caso de tratar-se de um psicodrama público ou com auditório muito numeroso, iniciamos o aquecimento no meio do auditório. Nos psicodramas habituais fazemo--lo no cenário, tomando como ponto de partida a parte posterior das cadeiras-símbolo.

INÍCIO DA DRAMATIZAÇÃO

CORRESPONDE AO MOMENTO EM que o diretor separa as duas cadeiras-símbolo, à maneira de uma cortina. Isto é, logo após ter havido o encontro entre diretor e protagonista e passar-se à construção do contexto dramático.

ENCERRAMENTO DA DRAMATIZAÇÃO

COINCIDE COM O ENCERRAMENTO da última cena e, como todas as cenas, marca-se seu término com a aproximação das duas cadeiras, equivalente ao fechamento das cortinas no teatro. O protagonista e os egos-auxiliares saem do cenário ou o protagonista permanece no cenário, de acordo com as circunstâncias. A presença do protagonista no cenário centraliza em sua pessoa os comentários. Isso costuma ser muito útil quando houve mobilização afetiva intensa, que precisa ser elaborada em torno do protagonista e com sua participação especial. Nesse caso, a mobilização afetiva desencadeada pela dramatização invadiu o contexto grupal de tal forma que os integrantes do auditório se identificam com determinados papéis, perdendo a visão grupal da situação. Enquanto isso perdurar, o diretor manterá o protagonista no cenário. Quando começar a aparecer material correspondente ao grupo em si, e não às personagens da dramatização, o diretor poderá dizer ao protagonista que volte ao auditório. Só agora se considera encerrada a dramatização. Separa-se, assim, o contexto dramático do contexto grupal.

ENCERRAMENTO DA SESSÃO

É OUTRA DAS FUNÇÕES do diretor. Varia de acordo com o tipo de psicodrama, como a abertura. No caso de psicodrama público ou de grandes grupos em que não haja uma situação contratual prévia e horário, o encerramento é indicado pelo diretor, quando considerar conveniente. No caso de psicodrama com horários estabelecidos, a finalização será determinada pelo tempo, mas o diretor deve adequar o manejo terapêutico ao tempo disponível para a sessão, de tal maneira que coincidam com as etapas do psicodrama.

2. Técnicas

As técnicas do psicodrama são numerosas e algumas têm aplicações muito específicas. A seguir, faremos referência às mais comuns. Desde já, devemos deixar claro que quase todas são patrimônio dos egos-auxiliares.

DESDOBRAMENTO DO EU

Nessa técnica, o ego-auxiliar coloca-se ao lado do protagonista, procurando adotar, ao máximo, a atitude postural e afetiva deste. Sua missão é expressar todos aqueles pensamentos, sentimentos e sensações que, por uma ou outra razão, o protagonista não percebe ou evita explicitar.

Por exemplo: o protagonista quer pedir um aumento de salário a que, no seu entender, tem direito, porém não se atreve a fazê-lo.

Uma primeira cena poderá consistir em um diálogo com o chefe, em uma situação qualquer de trabalho na qual se possa perceber as características do chefe e o tipo de relacionamento existente. Noutra cena, o indivíduo decide falar, pedindo o aumento de salário. O ego-auxiliar, que assume o papel de chefe, de início, seguirá as instruções do protagonista. A cena é representada tal como este a imagina. Inicia-se, assim, o diálogo, que continua até que se manifestem as dificuldades do protagonista. De acordo com a situação, o diretor poderá repetir a cena, assinalando ao protagonista o que foi observado, ou introduzirá um desdobramento do

Eu. Nesse caso, a cena continua e o desdobramento do Eu expressa, paralelamente ao diálogo, os temores, as dúvidas, os ressentimentos, a inveja, o ódio etc. que o protagonista possa sentir pelo chefe. A eficiência do desdobramento do Eu dependerá de sua habilidade para perceber e compreender, no decorrer do diálogo, a zona e o tipo de conflito do protagonista, bem como seus mecanismos de defesa, com o fim de ir complementando adequadamente o diálogo e esclarecendo os sentimentos e interesses em jogo.

O desdobramento do Eu, via de regra, não intervém diretamente no diálogo e o que é dito por ele não é levado em conta pelo interlocutor do protagonista. É, pois, uma espécie de consciência auxiliar.

Numa cena, podem ser utilizados vários desdobramentos, que, como no caso dos esquizofrênicos, podem adquirir certa autonomia ou colocar-se em atrito entre si, de acordo com as necessidades do caso.

INVERSÃO DE PAPÉIS

Essa técnica consiste em trocar o papel que o protagonista está fazendo com o de seu interlocutor ou interlocutores. No exemplo anterior, essa técnica poderia ser usada na primeira cena, quando o protagonista descreve o chefe, ou no momento do diálogo, quando se detém e esclarece, por exemplo, que o chefe nunca falaria ou se comportaria dessa maneira. Essa técnica, bem aplicada, produz benefícios terapêuticos consideráveis e, possivelmente, é a mais utilizada, por sua simplicidade e por seus resultados.

SOLILÓQUIO

Essa técnica não requer a intervenção do ego-auxiliar. Consiste em dizer em voz alta o que se está pensando, seja com referência ao diálogo que se está desenrolando ou em relação a outro tema qualquer que ocorra ao indivíduo naquele momento. Em algumas ocasiões, o solilóquio é utilizado apenas com a finalidade de explicitar o pensamento do protagonista, quando o teor da cena dramatizada não comporta a verbalização (por exemplo, se está sendo representada uma situação em que se trabalha sozinho ou se medita). No caso de usar essa técnica intercalada num diálogo, convém advertir o protagonista de que, cada vez que a utilize, incline a cabeça, para que seu interlocutor compreenda que o que está sendo dito não entra na conversação.

O solilóquio pode ser utilizado por qualquer das personagens em jogo, mesmo pelo diretor.

O ESPELHO

É, POSSIVELMENTE, UMA DAS técnicas de manejo mais delicado, pois o protagonista pode sentir como uma zombaria, e não como um espelho de si mesmo, o fato de o ego-auxiliar imitá-lo em todos os movimentos e expressões. Em sua aplicação, deve-se recorrer a um ego-auxiliar que se sinta à vontade com o protagonista e haja captado, claramente, suas atitudes típicas.

AUTOAPRESENTAÇÃO

ESSA TÉCNICA CONSISTE NA representação simples das personagens e situações da vida do protagonista, representação sempre dirigida por ele mesmo, sendo ou não ajudado por um ego-auxiliar. O protagonista vai mostrando, dessa maneira, seu núcleo familiar, seus conflitos, suas particularidades, seu trabalho etc.

INTERPOLAÇÃO DE RESISTÊNCIA

É A MODIFICAÇÃO, POR parte do diretor, da cena proposta pelo protagonista. Aproveitando ainda o exemplo do chefe, já mencionado anteriormente, instrui-se o ego-auxiliar para que modifique, em plena dramatização, as características atribuídas ao chefe pelo protagonista. Por exemplo, o ego-auxiliar que representa o chefe começa a se interessar por outras coisas, chamando a secretária pelo telefone etc., de tal maneira que o protagonista se sinta impelido a atuar "aqui e agora", da mesma maneira que o faria em circunstância semelhante, em sua vida real. Obteremos, assim, graças a um recurso técnico, a forma habitual de o protagonista atuar num contexto determinado.

REALIZAÇÃO SIMBÓLICA

CONSISTE NA REALIZAÇÃO DE acontecimentos não reais, que simbolizem outros acontecimentos. Por exemplo, se ao protagonista se torna impossível enfrentar o chefe e dizer-lhe o que pensa dele, abandona-se essa cena e inventa-se outra com personagens diferentes, mas com conteúdo semelhante. No psicodrama de crianças, é uma técnica bastante utilizada.

SEM PALAVRAS

ESTE ITEM INCLUI VÁRIAS técnicas. As mais utilizadas são as alegorias, que consistem na representação plástica de uma situação, de um estado de ânimo, de uma fantasia etc., com a utilização de sons. Essa técnica é de enorme utilidade no caso de indivíduos com inibições para gritar ou expressar estados de ânimo agressivos. O protagonista deve utilizar uma vogal e com modificações do *tom* expressar seu estado de ânimo. No exemplo anteriormen-

INTRODUÇÃO AO PSICODRAMA

te dado, pede-se ao protagonista que diga a seu chefe tudo aquilo que nunca conseguiu dizer-lhe, mas usando apenas uma vogal. Essa técnica, no início, provoca resistências, pelo temor do ridículo; porém, à medida que são percebidos seus benefícios, vai sendo progressivamente aceita.

PSICODRAMA COM MARIONETES[2]

ESSA TÉCNICA É MUITO utilizada no tratamento de crianças, porém como um complemento ou um recurso técnico para ser usado em alguns períodos (por exemplo, no início do tratamento) durante os quais o nível de angústia é elevado. Tem uma indicação precisa na psicoprofilaxia cirúrgica, mas, também nesse caso, como parte da preparação, já que o que se procura é um contato interpessoal mais completo e acabado.

O autor introduziu as marionetes no tratamento de grupos de psicóticos crônicos para facilitar a participação dos doentes na dramatização, e obteve muito êxito. Tratava-se de doentes com mais de dez anos de internação que, pouco a pouco, foram se retraindo, diminuindo seu contato com o meio e isolando-se em sua enfermidade. As marionetes centralizam a atenção dos pacientes, e o diretor estimula-os ao diálogo com elas. Em geral, emerge um protagonista, que passa ao cenário e centraliza a dramatização. O diretor faz intervir, inicialmente, as marionetes e, em seguida, os egos-auxiliares. As marionetes são, desse modo, um "objeto intermediário" que facilita a dramatização e o contato médico-paciente.

2. Ver o Capítulo 8 – "O objeto intermediário". [N. T.]

MÉTODOS DERIVADOS

SOCIODRAMA

Assim como no psicodrama o centro de atenção se dirige para o indivíduo, no sociodrama volta-se para o grupo; portanto, o que se investiga é o grupo, sua estrutura e suas relações com outros grupos.

Seu campo de aplicação são os grupos de convivência, por exemplo: residentes, comunidades ou grupos institucionais, em geral. No sociodrama, opera-se com o mesmo enfoque e técnicas psicodramáticas, ficando limitadas suas diferenças ao campo de ação e aos objetivos.

PSICODANÇA

É a expressão de conflitos, estados de ânimo, situações etc. por meio da dança, com ou sem música. Pode ser utilizada como uma técnica a mais, dentro de um psicodrama amplo, ou como única técnica de tratamento. Nesse caso, todas as técnicas de psicodrama são adaptadas a essa forma de expressão, incluindo os egos-auxiliares, os quais devem ter um treinamento especial em psicodança.

PSICODRAMA PSICANALÍTICO

É uma combinação da teoria psicanalítica com a técnica psico-dramática, na qual as dramatizações e as interpretações se revezam ao longo da sessão terapêutica.

A juízo do autor, é um método pouco recomendável, pois é uma tentativa de transação entre um bom esquema teórico e uma técnica efetiva; mas, em virtude de partir de postulados teóricos em clara oposição, termina criando situações confusas, com duplas mensagens, contraproducentes para a marcha de um bom tratamento psicoterápico.

3. Teoria

O NASCIMENTO

A POSIÇÃO DO INDIVÍDUO diante dos fatos naturais costuma condicionar muitos de seus conceitos teóricos. No caso de Moreno, podemos observar como a concepção que ele tem do nascimento influi sobre sua posição perante a terapia das enfermidades mentais.

Moreno rejeita a teoria do "trauma de nascimento", de Rank e Freud, e considera o nascer uma das situações naturais pelas quais o indivíduo deve passar durante seu desenvolvimento. Da mesma maneira que a gástrula se implanta no endométrio ao terminar suas reservas nutritivas e, graças a tal mudança, sobrevive; assim como, em certa fase, o sistema de reservas do embrião se modifica para poder continuar seu desenvolvimento, tudo isso de maneira prefixada e sábia (geneticamente), o feto também chega a termo e nasce para sobreviver. Isso ocorre quando seu desenvolvimento e sua maturação alcançam um grau de evolução tal que as condições ambientais existentes dentro da cavidade uterina tornam-se insuficientes e insuportáveis.

Nesse momento, o realmente traumático e fatal seria a permanência intrauterina. De acordo com o exposto, a busca, pelo feto, de um ambiente adequado a suas necessidades não é passiva, mas, bem ao contrário, o nascer é um ato desencadeado e realizado ativamente, por ele, com a colaboração materna. O nascer é, pois, um "ato compartilhado" no qual os diferentes esforços do feto integram-se com os da mãe e cujo resultado final é a individualização e a conquista do espaço por um novo ser que, em seguida, se implanta numa nova matriz, a matriz de identidade.

Em termos psicodramáticos, diremos que a mãe é o *ego-auxiliar* principal; o feto é o *protagonista*; o processo de preparação para o parto é *o aquecimento (warming up);* o ato de nascer é a *dramatização*; e seu resultado final, o nascimento, é a *catarse de integração*. Isso tudo referente ao nascimento. Com relação à atitude do psicoterapeuta diante da enfermidade e do enfermo, será dirigida com o objetivo de favorecer o desenvolvimento e a maturação das potencialidades do Eu do paciente, procurando prepará-lo para que enfrente adequadamente os diferentes obstáculos que a enfermidade interpôs em sua evolução, empobrecendo seu Eu e impedindo-lhe uma vida plena e satisfatória. A enfermidade é considerada um obstáculo que o Eu, bem preparado, deverá superar com a ajuda do terapeuta e não como uma situação traumática perigosa que o terapeuta deve evitar. Seguindo com a analogia, prefere-se o nascimento por vias naturais à cesárea, ao fórceps e à anestesia, sem que, por outro lado, se despreze sua utilidade. Essa atitude ativa, que faz o paciente protagonista de sua própria cura, dá-lhe confiança, segurança e armas para continuar e planificar sua vida.

O psicodramatista, os egos-auxiliares e todos os recursos técnicos utilizados vão sendo lentamente assimilados, enriquecendo e dinamizando o Eu. Ao atuar, o protagonista aprende, instrumenta e põe em prática o adquirido, com a enorme vantagem de não estabelecer situações de dependência com o terapeuta, tão frequentes em outros tipos de terapia. Vemos, pois, que uma das diferenças entre o psicodrama e as outras terapias reside na concepção do nascimento e da enfermidade como obstáculos existentes em relação ao futuro dos indivíduos, obstáculos que devem ser vencidos por meio de um desenvolvimento natural no caso do nascimento e por um desenvolvimento terapêutico no outro caso. O psicodrama não é uma psicoterapia de apoio nem ab-reativa, embora utilize parte dos seus benefícios. O psicodrama vai às profundidades do Eu, explora de maneira vivencial suas estruturas e inter-relações, proporcionando ao paciente a posse de suas potencialidades por meio do exercício destas, isto é, por meio das dramatizações.

MATRIZ DE IDENTIDADE

"É A PLACENTA SOCIAL da criança, o lócus onde se prende" (Moreno). Do mesmo modo que o embrião e, posteriormente, o feto se implantam na placenta e dela se nutrem e dependem, o recém-nascido implanta-se no grupo social do qual depende para suas necessidades fisiológicas, psicológicas e sociais. Esse grupo social – habitualmente a família – não se vê perante essa nova realidade abruptamente, mas, pelo contrário, preparou-se durante meses para esses acontecimentos. Os clássicos preparativos, presentes e temas de conversação são manifestações externas das modificações internas que estão ocorrendo no grupo. Uma observação mais pormenorizada permitiria perceber mudanças ao nível das relações interpessoais e mesmo da personalidade de seus integrantes. Isto é, a iminência da implantação de um novo membro em um grupo social determinado desencadeia uma série de reações grupais e individuais específicas, características e preparatórias.

Esse conjunto de modificações facilita a inclusão do novo integrante no grupo, sua assimilação e, além disso, algo que é de fundamental importância: a manutenção de unidade e equilíbrio grupais.

Nesse ambiente particular – a matriz de identidade – o recém-nascido se desenvolve num contato vivencial que lhe permite incorporar, num nível primário, as características grupais e assimilar, assim, as pautas de seu meio.

Em seu início, a matriz de identidade está ligada basicamente aos processos fisiológicos. Posteriormente, e coincidindo com a evolução da criança, vincula-se aos processos psicológicos e sociais. A matriz de identidade provê, pois, a criança do alimento físico, psíquico e social. A ela cabe a fundamental tarefa de transmitir a herança cultural do grupo a que pertence o indivíduo e de prepará-lo para sua posterior incorporação na sociedade.

A transmissão da herança cultural realiza-se por meio dos papéis existentes em cada matriz de identidade, isto é, em cada matriz de identidade existe determinada quantidade de papéis que são oferecidos à criança. Esta aprende tais papéis por meio de um processo que é variável no tempo de duração. Tal processo tem como características a COAÇÃO, a COEXISTÊNCIA e a COEXPERIÊNCIA, e se desenvolve em cinco etapas que passaremos a descrever.

A primeira etapa corresponde à identidade total entre a criança e a outra pessoa. O acontecimento, o ato, ocorre sem que a criança possa diferenciar o que é próprio dela do que lhe é estranho.

A segunda etapa consiste no fato de que a criança concentra sua atenção "no outro e estranha parte dele" (Moreno).

A terceira etapa consiste na delimitação da outra parte, separando-a de outras experiências e de si mesma.

A quarta etapa consiste em jogar ativamente o papel da outra parte com coisas.

A quinta e última etapa consiste em jogar ativamente o papel da outra parte com pessoas que, por sua vez, jogam o papel da criança.

A aprendizagem dos papéis ocorre, pois, por meio de um processo de diferenciação e inversão de papéis.

Moreno considera que essas cinco etapas são "as bases psicológicas para todos os processos de desempenho de papéis e para fenômenos tais como a imitação, a projeção e a transferência".

Por outro lado, há uma relação direta entre o número de papéis oferecidos à criança e o tempo de dependência da matriz de identidade. Uma matriz de identidade que tem poucos papéis para oferecer à criança levará menos tempo para se dissolver, como é o caso das crianças dos meios rurais, do que aquela que oferece muitos papéis, como é o caso das crianças dos meios urbanos.

CATARSE DE INTEGRAÇÃO

ANTERIORMENTE, AO FALARMOS DO nascimento, dizíamos que o resultado do ato de nascer correspondia à catarse de integração. Agora estudaremos mais pormenorizadamente esse tema. A catarse de integração é o resultado final de uma série de processos, isolados no seu início, que confluem em determinado momento, inter-relacionando-se e produzindo um resultado final comum, diferente de cada uma das finalidades parciais. Ainda mais, os objetivos parciais, nesse caso, conseguem sua máxima realização por meio do resultado comum.

Do ponto de vista psicoterápico, é por meio da catarse de integração que o protagonista consegue sua cura. "Como o termo catarse é frequentemente entendido na acepção dada a ele por Breuer e Freud, é necessário precisar seu significado, o que se pode fazer mediante uma imagem. Na catarse de ab-reação de Breuer e Freud, algo que estava sendo contido do paciente sai deste e o indivíduo fica limpo" (Moreno considera que esse tipo de catarse é somente um passo prévio para a produção da catarse de integração). Na catarse de integração, o que sai é o próprio paciente (*das Ding ausser sich*); e, ao sair de algo que o continha, realiza seu Eu, expressa-se, estabelece contato com os demais integrantes da situação psicodramática, na experiência vivida em comum. Diz Moreno: "A catarse de integração é engendrada pela visão de um novo universo e pela possibilidade de um novo crescimento (a ab-reação e a exteriorização de emoções são apenas manifestações superficiais)".

A catarse de integração não é um fenômeno constante de todas as sessões psicodramáticas, mas ocorre nos períodos críticos do tratamento, nos quais se rompem estereótipos e barreiras egoicas. Durante esses períodos, observa-se uma série de fenômenos que a anunciam e caracterizam. Os mais notáveis são: a criação de um clima especial, com um silêncio intenso e a atenção do auditório concentrada na cena. Por seu lado, o protagonista, eixo da situação dramática, soma a tensão grupal à própria e prepara-se para se lançar à ação, dando lugar a uma grande expectativa, já que se desconhecem os resultados e a tentativa pode ser vã. Esperam-se, então, as palavras nunca ditas e talvez murmuradas, os atos nunca realizados e talvez insinuados, as soluções inesperadas e pessoais que façam do protagonista o artífice de sua própria cura. Para chegar a ela, foi necessário passar por uma série de fases prévias mais ou menos longas, mais ou menos custosas. Nas suas conquistas e vicissitudes, contribuíram os demais membros do auditório, os egos-auxiliares, o diretor e toda a gama de recursos da técnica psicodramática; e o ato, embora seja efetuado pelo protagonista, é fruto dos múltiplos esforços parciais realizados em comum. Por isso, o êxito ou fracasso são compartilhados e afetam a todas as pessoas. As situações de inveja, rivalidade e ciúmes, nessas circunstâncias, "entram em recesso" e reaparecem somente passado esse período.

Da mesma maneira que o início da catarse de integração está carregado de expectativas, o clímax caracteriza-se por estar repleto de realizações *criativas e espontâneas*, as quais surpreendem e liberam tensões ao concretizar-se diante de nossos olhos e com nossa participação emocional. Passado esse período, e já no descenso da curva, vão-se produzindo um relaxamento do ambiente e uma reorientação da atenção para as imagens internas estimuladas pela dramatização. (Ver exemplo no capítulo "Psicoterapia psicodramática".)

ESPONTANEIDADE

A PALAVRA VEM DO latim *sponte*: de livre vontade. Espontaneidade no sentido moreniano é a capacidade de um organismo adaptar-se *adequadamente* a novas situações.

A espontaneidade acha-se em uma zona intermediária entre a influência genética e a ambiental e, embora receba influência de ambas, escapa ao seu controle. Dela dependem as novas respostas, as imprevisíveis. Respostas que são a resultante de novas combinações geradas pelo fator espontaneidade no organismo e se manifestam sob a forma de inventiva e de criatividade.

Cada indivíduo possui uma "matriz espontânea" a partir da qual se desenvolve a personalidade. Nos primeiros tempos, a criança depende fundamentalmente dela; logo, porém, ao se desenvolverem a memória e a inteligência, a espontaneidade é posta a seu serviço. De acordo com isso, a espontaneidade participa, em maior ou menor grau, dos diversos atos da vida, como complemento das normas aprendidas.

No ambiente cultural atual em que nos desenvolvemos, a tendência habitual é substituir cada vez mais a espontaneidade por respostas fixas e reguladas, que não permitem reações novas e inesperadas.

Isso se deve ao desconhecimento do fator espontaneidade e à sua confusão com o descontrole. A coarctação da espontaneidade é uma das principais causas do inconformismo do indivíduo consigo mesmo e com a sociedade. Restringida sua capacidade criativa, o indivíduo transforma-se em uma simples engrenagem social, sem possibilidades de participar plenamente no destino histórico da sociedade.

O exercício da espontaneidade enriquece o meio e a quem a exerce, na medida em que permite ao indivíduo uma correta adequação ao ambiente por livre vontade e sem imposições que cerceiem sua personalidade, ao mesmo tempo que provoca nos demais o mesmo tipo de resposta.

O rendimento geral de um indivíduo ou de um grupo que possua um alto nível de espontaneidade caracteriza-se pela relação desproporcionada entre sua capacidade criativa e produtiva e o pouco esforço realizado.

Dessa maneira, a fadiga estaria vinculada ao sobre-esforço adicional necessário para manter a pauta obrigatória e bloquear a espontaneidade. Por outro lado, é conhecido por todos o pouco cansaço que produzem as atividades que gratificam pela própria realização. Nestes últimos casos, "as horas passam voando"; nos outros, "o tempo não passa".

A espontaneidade é, pois, um fator fundamental para a adaptação do indivíduo ao seu ambiente, sem que sua adequação signifique destruição ou perda de suas liberdades, porém, muito ao contrário, uma maior possibilidade de exercê-las e desenvolvê-las nesse mesmo meio. Ao participar vivencialmente desse meio, o indivíduo desfruta dele e o engrandece.

Por fim, citaremos uma frase de Moreno, de grande lucidez, que define outra característica da espontaneidade: "A espontaneidade funciona somente no momento em que surge; pode ser comparada, metaforicamente, com a lâmpada que se acende e graças à qual tudo fica claro na casa. Quando a luz se apaga, as coisas permanecem ocupando o mesmo lugar na casa, mas uma qualidade essencial desapareceu".

ACTING OUT

SEGUNDO A ENCICLOPÉDIA BRITÂNICA, *acting* é "a habilidade para reagir a um estímulo imaginário" (T. I, 134, 1954). Significa também: representação, desempenho, ação.

Moreno utiliza esse termo, que tem sua origem no teatro, para designar o processo de concretização em atos dos pensamentos e das fantasias.

O protagonista cria, por meio do *acting out* no cenário, determinados aspectos de seu mundo interior, mundo esse resultante de suas experiências passadas e atuais, bem como de seus sonhos e de suas fantasias. Nesse atuar terapêutico, vai nos mostrando seu perfil psicológico, suas particularidades, suas características, as situações que lhe são conflituais e suas maneiras de encará-las, suas técnicas defensivas, os caminhos seguidos para encontrar soluções ou eludir responsabilidades etc. Em outros termos,

INTRODUÇÃO AO PSICODRAMA

apresenta uma visão acabada de si mesmo, em interação com seus semelhantes. Para consegui-lo, é necessário que o protagonista compartilhe suas personagens internas com os egos-auxiliares, os quais, ao assumi-las, vão desembaraçando-o dessas personagens, deixando-o com maior liberdade de ação e mais comprometido com seu próprio papel.

Por exemplo, se o protagonista nos relata certo diálogo com seu pai e isso é feito de maneira linear, deve alternar constantemente de personagem para comunicar-nos o que dizia e o que respondia seu pai. Assim, precisa dividir-se internamente para poder relatar o fato com coerência. Na técnica psicodramática, um ego-auxiliar encarrega-se de representar o pai e o protagonista desempenha seu próprio papel, de modo que não tem necessidade de dividir-se internamente.

A utilidade dos egos-auxiliares é ainda mais acentuada quando são várias as personagens em jogo.

Mas, além da possibilidade de desembaraçar-se das personagens internas e assumir plenamente seu papel, o psicodrama, com a técnica da inversão de papéis, permite que o protagonista assuma também plenamente o papel de suas personagens no contexto correspondente, ampliando, assim, seu *insight*.

Em um sociodrama realizado pelo autor, foi feita uma acusação, por um dos integrantes do grupo, contra o chefe, por haver tomado uma decisão arbitrária e contrária aos interesses do grupo. O acusador pretendia enfrentar publicamente o chefe e aproveitava a ocasião para fazê-lo. No seu lugar, colocou-se um ego-auxiliar e, com ele, foi dramatizada a cena solicitada pelo acusador, cena que foi acre e ofensiva. Passou-se, então, a dramatizar diferentes aspectos do trabalho grupal relacionados com as modificações introduzidas pelo chefe para, finalmente, chegar-se a uma cena na qual o acusador devia fazer o papel do chefe e decidir a conduta a ser seguida em relação ao problema colocado. Com grande surpresa de todos, atuou exatamente como havia feito o chefe. Nesse caso, ao desempenhar plenamente o papel de chefe, no contexto correspondente, tomou consciência das razões que haviam induzido aquele a proceder da maneira como procedeu. As verbalizações prévias e a meditação sobre o fato não foram suficientes para esclarecê-lo, mas, atuando, convenceu-se. Moreno considera dois tipos de *acting out*: o terapêutico e o irracional. O primeiro é o que se realiza durante a dramatização e, portanto, sob controle terapêutico. O segundo, o *acting out* irracional, é o que ocorre fora da sessão e, portanto, sem o devido controle; ou então dentro da sessão, como forma de escape da dramatização.

A seguir, faremos breve referência ao *acting out* terapêutico em relação ao fator espaço, ao fator tempo e à memória corporal.

ACTING OUT E ESPAÇO

O psicodrama acrescenta às psicoterapias a dimensão espacial concreta, e com ela o contexto.

O protagonista deve situar-se e situar-nos em um ambiente determinado, com determinadas características e particularidades que devem incidir, como nas experiências prévias, *simultânea* e não *sucessivamente*. Coisas e pessoas, ritmos e deslocamentos, tons e silêncios interatuam significativamente e deixam marcas nos indivíduos. Tais marcas estão intimamente relacionadas com os fatos e momentos em que ocorreram. A reconstrução dessas imagens, muitas vezes pouco nítidas, costuma dar-se no transcurso da dramatização, à medida que o protagonista vai liberando sua espontaneidade. Em alguns casos, basta a reconstrução espacial para que o protagonista obtenha o *insight* do conflito colocado (exemplo de Marianinha).

A reconstrução espacial dá um real contexto aos fatos, enriquecendo a investigação e as possibilidades terapêuticas. Ver um grupo em ação não é a mesma coisa que imaginá-lo. Por mais rica que seja a descrição, há elementos visuais e espaciais que não podem ser substituídos pela palavra, principalmente se levarmos em conta que desconhecemos muitas formas de comunicação

INTRODUÇÃO AO PSICODRAMA

extraverbal gestáltica que despertam no observador respostas que podem não ser conscientes.

ACTING OUT E TEMPO

O psicodrama é uma técnica na qual a dimensão temporal é concretizada em um presente real, vibrante e compartilhado. Tanto os fatos passados mais remotos como as projeções futuras mais longínquas são vividos no "aqui e agora" conosco.

O psicodrama não se limita somente à compreensão genética do passado, mas também o integra no presente e o projeta no futuro. Assim, explora os possíveis vetores a ser seguidos pelo protagonista, com toda minúcia e liberdade que permite o "como se" do cenário.

Essa atuação terapêutica amplia o campo de investigação e permite levar as ideias, as fantasias e os desejos até suas últimas consequências.

O psicodrama não detém as fantasias; antes, pelo contrário, estimula seu desenvolvimento e as segue passo a passo *in status nascendi*. Um desejo de morte, por exemplo, é investigado, inicialmente, em função do objeto atual e de suas raízes no passado. Uma vez identificado o objeto da agressão, o crime é minuciosamente projetado e então dramatizado. Teremos, assim, no campo operacional, toda uma série de condutas e elementos que enriquecerão a compreensão dos impulsos destrutivos e ampliarão a tomada de consciência do protagonista. A isso devemos acrescentar o *insight* resultante da inversão de papéis (em que o protagonista passa de algoz a vítima) e o que surge das dramatizações chamadas "projeção no futuro" (nas quais o protagonista mostra aspectos de sua vida futura, após um tempo determinado, e a influência que os fatos atuais possam ter nela).

ACTING OUT E MEMÓRIA CORPORAL

Cada ato, cada atitude postural, tem sua história. Essa história é dupla, filo e ontogenética. O desenvolvimento da espécie e o do ser se superpõem e constituem a memória corporal.

A dramatização, ao levar para a ação as imagens internas, estimula e facilita a mobilização de imagens somáticas, vinculadas aos atos que se estão realizando, imagens essas que podem complementar ou entorpecer a dramatização. Basta adotar uma atitude postural qualquer para que sua imagem significativa apareça em nossa consciência.

Quando, ao serem realizadas ações voluntárias, são mobilizadas imagens coerentes com a ação que se realiza, produz-se um efeito de somação, por coincidirem as duas fontes de estímulos, e o resultado na dramatização é um papel criador rico de conteúdos. Por outro lado, quando os atos voluntários mobilizam imagens que se opõem ou entorpecem a ação, o resultado na dramatização é um papel forçado ou mesmo a impossibilidade de continuar desempenhando o papel. Isso costuma acontecer na realização de atos que não correspondem ao conteúdo, como ocorre em pessoas muito bloqueadas e com movimentos entorpecidos.

A partir do ato ou da atitude postural, podemos também chegar aos conteúdos atuais, não presentes na consciência. Nesses casos, as imagens somáticas mobilizadas pelos atos vão lentamente libertando as imagens mentais. Uma paciente, que tinha um filho paralítico, negava os sofrimentos decorrentes de tal situação, refugiando-se em uma explicação religiosa: "Foi a vontade de Deus, e Ele sabe o que faz". Em uma sessão de psicodança, referia-se à repetição atual de um amor platônico semelhante aos de sua adolescência. O diretor lhe pediu que escolhesse um ego-auxiliar para que fizesse o papel do atual pretendente, e que se colocassem um em frente ao outro com os pés juntos, de tal maneira que, mesmo se agachando ou esticando o corpo, somente conseguiam tocar-se pela ponta dos dedos. A determinação foi a de que deveriam comunicar seus sentimentos e emoções por meio de uma dança na qual somente poderiam movimentar-se da cintura para cima. A dança iniciou com um tema romântico, que se transformou em desespero, fúria e, por fim, impotência. De repente, a protagonista gritou "mamãe" e se desmanchou em lágrimas. Nesse

INTRODUÇÃO AO PSICODRAMA

momento, havia se identificado com seu filhinho e a imagem negada se impunha com toda sua força na consciência. A dança, por meio de seus variados movimentos, realizados numa posição prefixada pelo diretor, havia libertado a imagem negada.

Em outras ocasiões, dá-se livre curso à expressão corporal até detectar, pelos movimentos, deslocamentos e inter-relações, um conflito determinado. Insiste-se, então, no sintoma, acentuando-o se necessário, até que apareça o conteúdo e se compreenda seu significado.

Por fim, queremos deixar bem claro que o *acting out* terapêutico é um valioso colaborador da psicoterapia sempre e quando não é usado indiscriminadamente, já que a mobilização de material não basta para curar: é necessário que este seja canalizado pelo diretor, tendo em vista a catarse de integração.

No psicodrama público, no qual a catarse de integração nem sempre é conseguida, o diretor deve controlar a quantidade do material mobilizado, não permitindo que ultrapasse o nível além do qual o grupo não tem possibilidade de elaborar.

PAPEL

Segundo a origem semântica da palavra, papel é algo já definido e fixo, intimamente vinculado à letra, à escrita, à lei. Como tal, possui elementos coletivos e individuais que o caracterizam e diferenciam.

Os papéis são unidades culturais de conduta (Moreno) e, portanto, possuem as características e as particularidades próprias da cultura em que se estruturam.

Em psicodrama, ao processo de aprendizagem de um papel chama-se "treinar o papel" (*role-playing*); ao processo de desempenhá-lo, atendo-se às suas características, "assumir o papel" (*role-taking*); e ao de enriquecê-lo e modificá-lo, "criar o papel" (*role-creating*). No caso do papel de médico, a aprendizagem universitária corresponde ao processo de "treinar o papel"; o exercício da profissão, uma vez diplomado, "assumir o papel"; e o transformar o exercício da profissão na arte de curar, "criar o papel".

Segundo a classificação de Moreno, temos três tipos fundamentais de papéis: papéis psicossomáticos, papéis sociais e papéis psicodramáticos.

PAPÉIS PSICOSSOMÁTICOS

São aqueles ligados a funções fisiológicas indispensáveis, relacionadas com o meio: comer, dormir, defecar etc. Nesses casos, é no exercício da função que vão sendo manifestados os papéis e, por meio deles, o organismo. Os papéis psicossomáticos estabelecem, pois, o nexo entre o ambiente e o indivíduo. Constituem os tutores sobre os quais vai desenvolver-se o Eu.

PAPÉIS SOCIAIS

São os papéis correspondentes às funções sociais assumidas pelo indivíduo e por intermédio dos quais se relaciona com seu ambiente. Os papéis sociais são adquiridos na matriz de identidade dos grupos aos quais se vai pertencendo, pelo que seu número e características dependerão da referida matriz. Dessa maneira, papéis normais para um critério regional determinado podem ser patológicos para outro grupo social que seja regido por normas diferentes. Por outro lado, cada cultura está caracterizada por certo número de papéis que oferece com maior ou menor êxito a seus integrantes (Moreno), os quais podemos detectar e classificar por meio de testes específicos de forma individual, grupal e comunitária.

PAPÉIS PSICODRAMÁTICOS

Da mesma maneira que os papéis psicossomáticos expressam a dimensão fisiológica e os papéis sociais a dimensão social, os papéis psicodramáticos expressam a dimensão psicológica do Eu. São todos aqueles papéis que surgem da atividade criadora do indivíduo. Envolvem tanto os papéis preexistentes como aqueles da fantasia, já que o que os caracteriza é o matiz criativo que se lhes imprime e não o seu caráter em si.

Podemos valorizar melhor a importância dos papéis psicodramáticos se pensarmos que, diariamente, cada indivíduo utiliza em suas atividades certo número de papéis que lhe demandam, de forma variável, esforços, compromissos, gratificações, desagrados, insatisfações etc. que, constantemente, estão repercutindo em sua economia psíquica. A existência de um grande número de papéis sociais fixos e rotineiros, os quais não levam ao compromisso pessoal gratificante, que facilita a transformação do papel social em papel psicodramático, provoca o empobrecimento progressivo do Eu, com o consequente sentimento de inutilidade, fracasso, desconformidade e busca de compensação na fantasia e em identificações projetivas (personagens de teatro, cinema, televisão etc.).

O sentimento de realização pessoal surge da concretização da capacidade criadora por meio dos papéis sociais, isto é, quando ao estereótipo são dadas tais características que levam o indivíduo a identificar-se com ele e a senti-lo como uma criação pessoal. A rejeição e a negação dos papéis que diariamente se deve assumir conduzem a uma maior insatisfação pessoal com a incapacidade de modificar o papel ou desprender-se dele e escolher ou desenvolver um mais adequado.

O psicodrama, ao analisar detidamente os papéis atuais e investigar suas possibilidades, entra completamente nesse aspecto fundamental, a partir do qual realiza seu trabalho psicoterápico e psicoprofilático. O sociodrama cumpre funções similares em nível grupal.

A esse respeito, um dos índices de aferição dos efeitos do tratamento consiste na aparição de novas inquietudes relacionadas com as potencialidades pessoais não desenvolvidas.

Por outro lado, a investigação sistemática do número de papéis e a maior ou menor facilidade com que são desempenhados, sobretudo em diferentes períodos do tratamento, constituem um valioso método para avaliar a evolução do paciente. Veremos, então, que tipos de papéis se modificaram, quais permaneceram inalterados, quais evoluíram ou se tornaram patológicos.

INICIADORES

Os INICIADORES SÃO FOCOS de estimulação que iniciam reações em cadeia preparatórias de um ato. Constituem o *primum movens* do aquecimento. Dividem-se em *físicos, mentais, sociais e psicoquímicos*.

Os iniciadores físicos encontram-se em nível corporal e podem ser ativados conscientemente com o movimento (mímica, gestos, marchas etc.). Em geral, desencadeiam atos com pouco conteúdo mental.

Os iniciadores mentais partem das recordações, vivências e fantasias, desencadeando atos mais complexos, cheios de conteúdos e com maiores possibilidades de desenvolvimento e interação.

Os iniciadores sociais partem de "ações sociais intencionais" que desencadeiam atos tendentes a intensificar as relações interpessoais.

Os iniciadores psicoquímicos são aqueles que, por sua ação estimulante ou sedativa, facilitam o aquecimento.

Habitualmente, os iniciadores interatuam e, salvo casos especiais, não se costuma recorrer isoladamente a um deles.

Os iniciadores físicos são denominados também iniciadores de auxílio. São os iniciadores do recém-nascido, já que este não responde aos outros tipos de iniciadores. São chamados de auxílio por estarem presentes durante toda a vida e prontos para entrar em ação nos momentos de urgência. Por exemplo, são postos em ação em um acidente em que a velocidade com que ocorrem os fatos não dá tempo para um processo de elaboração mental.

Outra classificação dos iniciadores leva em consideração o resultado do aquecimento desencadeado, de tal modo que, no caso de não pôr em funcionamento nenhum papel determinado, são chamados inespecíficos; e, quando colocam em atividade um papel determinado, específicos.

ZONA

EM PSICODRAMA, CHAMA-SE ZONA o conjunto de elementos próprios e alheios, atuantes e presentes, que intervêm no exercício de uma função indispensável.

A zona oral, por exemplo, não é somente a boca, mas a pele e a mucosa dos lábios, as bochechas, a língua, o istmo das fauces[3] e as unidades neuromusculares correspondentes, por um lado; e o mamilo, o seio, o leite, o ar, a transpiração e o odor maternos, por outro.

A zona envolve, pois, elementos orgânicos e extraorgânicos que estabelecem sólidos laços de união entre o indivíduo e seu ambiente. Esses laços são reforçados cada vez que a zona entra em funcionamento, isto é, quando todos os seus componentes coincidem em um foco. É nesse contato repetido e prolongado que os papéis psicossomáticos adquirem seu total desenvolvimento e maturação e assentam as bases para o desenvolvimento ulterior dos papéis sociais e dramáticos.

Além disso, devemos grifar que a relação entre zona e papel psicossomático é íntima. Cada *foco* é o iniciador específico do aquecimento para o papel de ingeridor.

Se considerarmos que, para a zona entrar em funcionamento, todos os seus elementos devem coincidir em um *foco*, é óbvio que o estudo psicopatológico e o tratamento dos transtornos vinculados à zona devem englobar também todos os seus elementos.

Nesse quadro, podemos observar o encadeamento dos diferentes processos inespecíficos que culminam na constituição do papel psicossomático ao qual nos referimos anteriormente.

---

3. Abertura posterior da boca, que faz a sua comunicação com a faringe. [N. E.]

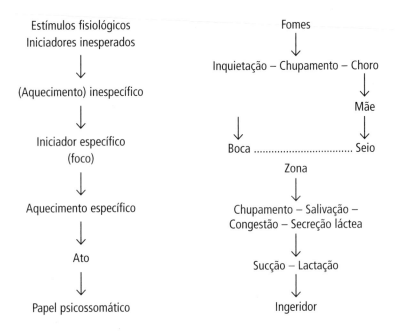

TELE

MORENO INTRODUZIU O TERMO "tele" (à distância) para designar o conjunto de processos perceptivos que permitem ao indivíduo uma valorização correta de seu mundo circundante.

Ao nascer, a criança não distingue entre o eu e o não eu, e sobrevive graças aos cuidados de um ego-auxiliar: a mãe. À medida que se vai desenvolvendo e que seu sistema nervoso e órgãos dos sentidos amadurecem, adquire paulatinamente a noção do eu e não eu e começa a responder aos estímulos externos com atração ou rejeição: "Este é o primeiro reflexo social que indica a emergência do fator tele e constitui o núcleo das posteriores pautas de atração ou rejeição e das emoções especializadas" (Moreno). À medida que a criança evolui, o fator tele adquire maior complexidade. Partindo de uma tele indiferenciada para a matriz de identidade, na qual se confundem pessoas e coisas, fantasia e realidade, e em que se reage com atração (tele positiva) e rejeição (tele negativa), passa-se a um período no qual a tele começa a ramificar-se, na proporção que aumenta a capacidade discriminativa da criança. Surgem, assim, a tele para pessoas e a tele para objetos, a tele para objetos reais e a tele para objetos imaginários. A especialização desse fator continua, acompanhando o desenvolvimento da vida afetiva e a complexidade do meio no qual o indivíduo se desenvolve.

Chegamos, assim, ao auge do sistema tele, quando o indivíduo se encontra nas melhores condições de comunicação.

O desenvolvimento sem alterações do sistema tele é praticamente impossível, dadas as múltiplas circunstâncias que deve suportar o indivíduo ao longo de sua evolução. O conjunto de alterações psicopatológicas da tele constitui a transferência. Desde já, entretanto, devemos esclarecer que o significado do termo "transferência", em psicodrama, difere do significado psicanalítico no que concerne ao grau de contaminação dos vínculos que lhe atribui a psicanálise. Psicodramaticamente considera-se que existem vínculos e apreciações corretas, não transferenciais, isto é, não deformadas por projeções do paciente. Estas são as apreciações feitas pelo sistema tele. Por exemplo, em psicodrama, considera-se que o paciente pode, em certas ocasiões, perceber e valorizar corretamente o terapeuta (tele) e, em outras ocasiões, projetar (transferência) seus conflitos internos. Essa posição do psicodrama condiciona atitudes terapêuticas definidas. Assim é que se confirma o paciente nas suas apreciações corretas, para evitar a confusão que lhe ocasionaria o descrédito de seu aparelho receptor.

4. Psicoterapia psicodramática

O PSICODRAMA COMO TÉCNICA psicoterápica pode ser utilizado para tratamentos individuais, de casais, familiares e grupais.

O tratamento é realizado sempre por uma equipe terapêutica constituída por um diretor e um ou mais egos-auxiliares, segundo as circunstâncias. Essa equipe terapêutica pode ser reduzida ao diretor, mas somente em casos muito específicos e sempre com estágio prévio para o tratamento em equipe.

O número de sessões semanais varia de acordo com o tipo de psicodrama realizado e com as necessidades do caso. Tratando-se de grupos, o habitual é uma ou duas sessões semanais de duas ou três horas de duração. Em geral, é mais eficiente uma sessão mais longa (duas a três horas) do que várias sessões curtas (de meia a uma hora de duração cada uma).

Um tratamento psicoterápico é psicodramático quando utiliza a dramatização como instrumento fundamental da terapia para alcançar os estados de espontaneidade, e a catarse de integração como mecanismo básico de cura.

O manejo técnico da sessão, nos diferentes níveis, foge aos propósitos deste livro. Por isso, somente insistiremos num tema já visto no capítulo "A sessão de psicodrama" e juntaremos um exemplo demonstrativo de uma sessão de rotina em psicodrama de grupo.

AQUECIMENTO INESPECÍFICO

CORRESPONDE AO PERÍODO DURANTE o qual o diretor se dirige ao grupo e estabelece com ele um diálogo, solicitando, ao mesmo tempo, que os participantes relatem as novidades ocorridas individual e grupalmente, perguntando quem deseja e sobre o que deseja dramatizar.

Pedem-se opiniões e comentários sobre o que foi falado e estimula-se a comunicação.

Durante esse período, procura-se a participação do maior número possível de integrantes do grupo, com o fim de estimular os processos de interação e obter material suficiente para poder avaliar o contexto grupal dentro do qual a sessão se desenvolverá. Dessa maneira, inter-relacionam-se os temas a ser dramatizados com o contexto e, consequentemente, o terapeuta dá a direção que considera mais conveniente no momento.

Escolhidos o tema e o protagonista, entramos no

AQUECIMENTO ESPECÍFICO PARA O PROTAGONISTA

É O CONJUNTO DE métodos preparatórios para que o protagonista se encontre nas melhores condições para dramatizar. A atenção é centralizada no protagonista e ele, junto com o diretor, planeja a dramatização.

Desse modo, o protagonista, ajudado pelo diretor, vai reconstituindo o local dos fatos no cenário psicodramático, colocando personagens e objetos e instruindo os egos-auxiliares.

Teremos, assim, o contexto dramático no qual atuará o protagonista.

Essa preparação do campo tranquiliza e facilita a atuação do protagonista, o qual, por sua vez, despojado de suas personagens internas, poderá desempenhar seu próprio papel mais plenamente.

AQUECIMENTO ESPECÍFICO PARA O PAPEL

É O QUE SE realiza com o fim de preparar o protagonista para fazer determinado papel. Iniciada a dramatização, o protagonista vai fazendo papéis diversos com maior ou menor êxito. Em alguns casos, sua dificuldade pode chegar a perturbar ou deter a dramatização. Diante desse inconveniente, procura-se investigar o papel para determinar suas características e possíveis deformações patológicas, bem como sua relação com a cena dramatizada. Em algumas ocasiões, quando a deformação do papel é pequena, basta mudar o contexto ou fazer um aquecimento mais prolongado para que o papel possa ser feito. Se isso não ocorre, procura-se investigá-lo em profundidade e em diferentes contextos. Chegamos, assim, à parte manifestamente terapêutica: a dramatização.

DRAMATIZAÇÃO

O PACIENTE NOS PROPÔS um problema, um conflito. Com ele, reconstruímos o contexto correspondente e, por meio do jogo de papéis, descobrimos certos papéis que não consegue realizar e certas situações nas quais não pode atuar. Nossa atenção deve, então, dirigir-se para tais papéis e situações.

Para melhor compreensão da técnica, daremos um exemplo. Em um sociodrama, durante o aquecimento inespecífico, destaca-se um protagonista que, evidentemente, está passando por um momento de crise. Um de seus companheiros faz-lhe uma pergunta sobre um tema banal e recebe como resposta uma agressão desproporcionada. O diretor investiga o que ocorre, atentando especialmente para a forma depreciativa que o indivíduo adotou e para a reação que desencadeia em seu interlocutor. Ele responde que está nervoso porque, pouco antes de chegar, um guarda de trânsito multou-o injustamente. Com esse tema, inicia-se a primeira dramatização do fato.

O protagonista cruza, com seu carro, um sinal com luz amarela. O guarda o detém e lhe diz que passou com luz vermelha. O indivíduo insiste que não foi assim. O guarda pede-lhe os documentos do carro e a carteira de motorista e diz que vai multá-lo. O protagonista reclama brandamente. Os documentos lhe são devolvidos, juntamente com a notificação da multa, e ele se vai. A cena é repetida e o diretor determina que ela se prolongue.

Os novos elementos que surgem são recriminações do protagonista contra os guardas de trânsito, dizendo que nada fazem para evitar acidentes, que estão sempre ocupados com outras coisas, descuidando de suas funções específicas, exceto quando se trata de multar. Invertem-se os papéis. O papel de guarda que o protagonista faz é muito mais incisivo, embora admita o diálogo.

Volta-se a repetir a cena, cada qual no seu papel original. Dá-se ao ego-auxiliar a diretriz de que atue despoticamente. O protagonista se enfurece, diminui o tom de voz, mas nada diz demais. Ao terminar a cena e retirar-se, insulta-o em voz baixa.

Repete-se mais uma vez a cena, convidando-se previamente o protagonista a dizer ao guarda tudo que pensa dele durante a dramatização e não após. Ao chegar nesse ponto, o protagonista se levanta e expressa em voz baixa o que sente, na realidade procurando enfrentar fisicamente seu interlocutor. O diretor comenta sua dificuldade de falar em voz alta e verbalizar suas emoções, o que faz que ele se sinta impelido a atuar fisicamente. Responde que não quer ser nenhum berrador de boca suja como seu pai. (Nesse momento, o paciente relacionou a situação social com a familiar.)

A cena seguinte é uma repetição da anterior, porém com uma variante sugerida pelo material: a inclusão da mãe. Ela chega em plena discussão e intercede por ele repetidas vezes, até que o protagonista, elevando a voz, pela primeira vez, diz-lhe que se cale e não se meta em seus assuntos. Ante essa atitude para com a figura feminina, substitui-se o que fazia o papel de guarda por outro ego-auxiliar, agora feminino, o que dura pouco, pois o protagonista alega que não poderá agredi-lo e que necessita de uma figura forte, um homem.

Pede-se então que, se não puder verbalizar, utilize uma só vogal para se expressar, mas procurando fazê-lo em voz alta e, se possível, gritando. O ego-auxiliar, por sua vez, deve falar da mesma maneira (mas em tom normal). O protagonista levanta-se, caminha nervoso, xinga, até que, em certo momento, grita "Basta, basta", leva as mãos à boca, sentindo-se, em seguida, muito perturbado pelo que fez.

(Induzir o protagonista a gritar era importante para verificar o grau de inibição verbal e expressiva perante a figura paterna. Gritar com ele significava assumir o papel de pai. Não conseguir fazê-lo significava manter o papel de filho com todas as suas implicações.)

O protagonista, após gritar, fica muito emocionado e, aproximando-se da janela, fala em voz baixa do esforço que significou para ele ficar afastado dez anos de sua casa sem aceitar ajuda econômica, até conseguir uma posição estável como a atual. Fala de seus sacrifícios e penúrias, da falta de amigos e do endurecimento a que teve de chegar para poder suportar tudo e seguir adiante. Nesse momento, seus olhos ficam úmidos, porém se recompõe em seguida. O diretor se aproxima e lhe assinala como sua luta interna prossegue, "aqui e agora", para não deixar transparecer seus sentimentos e suas emoções, apesar de eles o estarem estagnando. Faz que ele veja também que, de acordo com o que foi dramatizado, suas condutas devem trazer a ele uma série de dificuldades de convivência que não correspondem aos seus reais desejos, como ocorreu no início da sessão com o colega que o interrogou e ele, de certa forma, havia depreciado.

Por outro lado, embora o episódio do guarda tenha sido desagradável, o impacto emocional que lhe causou foi desproporcionado. Sua irritação e seu ódio constituíram, em realidade, tentativas de negar a falta de segurança para responder adequadamente a uma medida punitiva. A impossibilidade de gritar e verbalizar devia estar intimamente relacionada com o medo e a necessidade de chorar e pedir ajuda, como agora estava ocorrendo.

O protagonista lutou consigo mesmo para não chorar, até que o diretor colocou a mão em seu ombro. Nesse momento, caiu o resto de suas defesas e, então, deu livre curso a suas emoções. O grupo, que acompanhava passo a passo o processo psicodramático, compartilhou o sucesso com a mesma intensidade afetiva e, posteriormente, quando o protagonista se separou do diretor, os outros membros se aproximaram dele e, com suas palavras, gestos e presença física, fizeram-no sentir que pertencia ao grupo. Enquanto isso, o diretor e os egos-auxiliares foram esquecidos e deixados de lado. Teve lugar a catarse de integração. Atrás das lágrimas e do sofrimento aparecem a alegria, a tranquilidade e a sensação de enriquecimento que dá a reincorporação ao Eu de todas aquelas energias utilizadas para manter dissociações e atitudes falsas.

Do ponto de vista grupal, o episódio agressivo do começo criou um clima de tensão e expectativa ante a possibilidade de um choque mais áspero no curso da dramatização. Porém, as vãs tentativas do protagonista de realizar seu papel agressivo no "como se" do cenário diminuíram a predisposição do auditório contra ele. Lentamente o grupo foi-se pondo ao seu lado, identificando-se com ele. Todo o grupo ficou preso aos acontecimentos que ocorriam no cenário, vivendo intensamente a dramatização. Esse momento é semelhante ao que ocorre em espetáculos, quando diminui a ação de certos mecanismos de defesa e fica facilitada a identificação com as personagens. Em nosso caso, ocorreu o mesmo. No momento culminante em que o protagonista chora, praticamente todos estão em condições semelhantes ou, como é habitual, mais comprometidos que o protagonista, formando uma unidade afetiva que o acompanha e participa de sua dor. Essa experiência e outras a ela semelhantes, ao ser vividas em comum, compartilhadas, desenvolvem sólidos laços afetivos e cimentam as bases de uma melhor e mais ampla comunicação.

COMENTÁRIOS OU ANÁLISE

COMO JÁ FOI VISTO, essa é a última etapa da sessão de psicodrama. Ela pode durar mais de uma sessão, caso seja necessário, ou então servir como aquecimento para a sessão seguinte. Nessa etapa, o foco de atenção passa do protagonista para o auditório e são os seus integrantes que trarão material. Um por um, vão comentando diversos aspectos da dramatização, envolvidos ainda pelo clima afetivo criado por ela. Os assuntos tratados relacionam-se com o protagonista e seu conflito.

Quando o clima afetivo da dramatização é muito intenso, os comentários giram continuamente em torno da temática abordada. Se não fossem feitas análises, essa etapa toda ficaria encoberta pela dramatização. A participação do diretor nesses casos é mais ativa.

A diminuição do impacto afetivo ocorre quando começam a relacionar-se fragmentos da dramatização com aspectos pessoais passados, para desembocar, finalmente, em problemas especificamente grupais. Em nosso caso, tratava-se de tensões intergrupais desencadeadas pela proximidade dos exames a que teriam de se submeter ante as autoridades da empresa, e sobre cujos resultados seriam selecionados vendedores e promotores de vendas, o que significaria ordenados e posições hierárquicas diferentes.

Esse material completou o contexto grupal daquele momento no qual se havia desenvolvido determinada dramatização com seu particular contexto dramático.

Com esses elementos, iniciamos nova análise do material evidenciado pelo protagonista e pelos egos-auxiliares na dramatização, bem como dos comentários do auditório em função do novo contexto. Tomou-se em consideração, assim, o grupo em si, em relação à empresa e em relação a outros grupos.

Chegamos, então, a um novo ponto de partida, completando o ciclo grupo-indivíduo-grupo.

Em nosso caso, no início e durante longo tempo, os comentários referiram-se à dramatização e ao protagonista. A seguir, passaram a ser sobre fragmentos da dramatização que evocaram conflitos pessoais e, por fim, foram colocados problemas especificamente grupais.

5. Psicodrama aplicado

A RIQUEZA DE RECURSOS técnicos de que dispõe o psicodrama confere-lhe uma grande ductilidade e possibilidades de aplicação em outros campos.

Das diversas técnicas do psicodrama, o *role-playing* (jogo de papéis) surge como a mais utilizada em campos não médicos. Aplica-se ao ensino e à preparação de candidatos às mais diversas especialidades: vendedores, instrumentistas, enfermeiros, fiscais, administradores de empresas, diretores de pessoal etc. Também é utilizada para reduzir tensões em problemas conjugais, familiares e grupais (comércio, indústria, comunidades). Aplica-se, também, no ensino primário e universitário, com as devidas adaptações à matéria a ser dada. Daremos, a seguir, dois exemplos e comentaremos mais amplamente as técnicas.

TEMA: 25 DE MAIO DE 1810[4]

AQUECIMENTO INESPECÍFICO

O professor dirige-se aos alunos para centralizar em si a atenção de todos e explica brevemente o significado da efeméride, até obter um clima adequado, introduzindo, então, a ideia da dramatização. Há necessidade de um palco, público, atores.

---

4. Data em que se comemora a "Revolução de Maio", passo decisivo para a independência argentina. [N. T.]

Todos devem colaborar no trabalho. Se possível, os bancos são deslocados e improvisa-se um palco circular. As crianças devem se mover e intervir fisicamente. Pedem-se lhes opiniões, sugestões e, por meio da participação, começam-se a detectar os primeiros protagonistas.

AQUECIMENTO ESPECÍFICO

As crianças que vão participar elegem suas personagens. Os papéis não devem ser fixos, pois há certas personagens, rejeitadas pelas crianças, que não encontrariam ator. Estabelecidos os papéis, é construída a cenografia e são marcados os lugares a ser ocupados.

DRAMATIZAÇÃO

A cena inicia-se quando se conseguiu certo acordo sobre o lugar, o evento e os fatos que vão ocorrer. Uma vez iniciada, a dramatização não deve ser interrompida até que as crianças, por vontade própria, a cortem.

COMENTÁRIOS

Ao final de cada cena, o professor solicita a opinião das outras crianças sobre o que ocorreu. Se for necessário, repete-se a dramatização com outros protagonistas até obter-se, com sua ajuda e esclarecimento, uma cena de acordo com a realidade e o significado dos fatos.

TEMA: PSIQUIATRIA

AQUECIMENTO INESPECÍFICO

Explicação da técnica psicodramática que vai ser utilizada, bem como de seus fins, propósitos e limites. Passa-se, então, ao tema específico a ser tratado, trocando-se opiniões e aquecendo o ambiente.

AQUECIMENTO ESPECÍFICO

Dos tópicos tratados, elege-se o mais adequado para iniciar a dramatização, convidando uma das pessoas que o aborda para dramatizá-lo. Tomemos, por exemplo, a ideia que se faz do doente mental e do mecanismo pelo qual a doença age sobre as pessoas.

DRAMATIZAÇÃO

O protagonista deverá dramatizar um doente mental qualquer e, se possível, relatar a um ego-auxiliar sua história. Sobre essa base, coloca as ideias que tem a respeito das causas da loucura e de suas manifestações. A cena seguinte deve corresponder à visão que o protagonista tem do aparelho psíquico. Nessa descrição, deve utilizar outros estudantes para simbolizar esse aparelho. Uma vez "construído" o aparelho psíquico, o indivíduo deve explicar seu funcionamento e de que maneira tal funcionamento se altera.

COMENTÁRIOS

Cada estudante dará opinião sobre o que foi dramatizado e, posteriormente, poderá "construir" sua versão pessoal. O instrutor vai esclarecendo progressivamente os conceitos dos alunos, até que obtenham uma visão clara do problema.

Desse modo e de forma progressiva, serão incorporados, sucessivamente, temas motivados na dramatização anterior, até que cada um dos alunos possa dramatizar qualquer quadro psiquiátrico e, na inversão de papéis, assumir adequadamente o papel de psiquiatra.

6. O psicodrama aplicado ao ensino de Psiquiatria

O MÉDICO QUE SE aproxima da psiquiatria está procurando evocar e elaborar conflitos emocionais profundos que o perturbam ou já o perturbaram.

O não reconhecimento desse princípio pode conduzir a um distanciamento do objeto do conhecimento até transformá-lo em um ente distante, frio e alheio às nossas próprias vivências.

Quando começamos a descobrir a psiquiatria dentro de nós mesmos, o campo fica iluminado e o objeto do conhecimento se nos apresenta como um esquema liberador de tensão interna (Von Uexküll). Dessa maneira, cria-se uma sólida união entre nossas vivências e o objeto do estudo. O conhecimento deixa de ser puramente intelectual e se transforma em conhecimento vivencial.

Entretanto, o descobrimento dessas relações que nos unem, sem solução de continuidade, com a psicose cria ansiedade e temores que devem ser graduados e manejados racionalmente para obter um grau de tensão útil que facilite o aprendizado. Isso se confirma se ao fato anterior acrescentarmos o estado de alarma interno desencadeado pela convivência, relativamente próxima, com psicóticos e o ambiente particular que esse tipo de doente cria. Mais adiante, farei referência à influência do ambiente patológico na aprendizagem.

Como em qualquer técnica derivada do psicodrama, utilizamos os cinco instrumentos fundamentais, as três etapas e os três contextos.

TÉCNICA

A AULA É INICIADA com os alunos (auditório) dispostos em círculo, de tal maneira que se vejam uns aos outros e fique entre eles um espaço para o cenário. Neste, colocam-se duas cadeiras que se tocam, em ângulo reto, por um de seus pés anteriores, conforme já foi dito; são o símbolo do psicodrama. Atrás delas, coloca-se o diretor ou instrutor que inicia a aula com uma breve introdução ao tema, com o fim de centralizar a atenção dos alunos. O aquecimento continua com perguntas informais que favoreçam o diálogo e permitam detectar os diferentes focos de interesse do grupo pelo tema que vai ser estudado. Deve-se tentar, mesmo que a maioria dos esclarecimentos parta dos próprios alunos até que surja um tema confuso ou de difícil compreensão para o grupo. Passa-se, então, à dramatização. Um dos alunos toma o papel de protagonista e, junto com os egos-auxiliares, encarrega-se da dramatização do tema que será desenvolvido de acordo com sua própria concepção, errada ou não. Conforme as circunstâncias, uma vez terminada a dramatização, passa-se para a discussão ou se continua dramatizando o mesmo tema, com a ideia e participação de outro ou outros protagonistas. Temos, assim, diferentes versões sobre um mesmo tema, as quais servirão de base para sua análise e comentários, e o esclarecimento final, por parte do instrutor. Sempre se trabalha com o material concreto do "aqui e agora", assinalando, se for necessário, as situações conflituais que se tenham evidenciado ao longo da dramatização como fatores entorpecentes de aprendizagem, cuidando de assinalar unicamente o que foi observado por todos e nunca interpretar no sentido psicanalítico. Sobre isso, é necessário insistir para que não se confunda aprendizagem com psicoterapia.

ESQUEMA REFERENCIAL

Até aqui, vimos, de maneira geral, como se desenvolve uma aula com técnica psicodramática. Passarei, a seguir, a tratar com maior detalhe diversos aspectos técnicos da dramatização em si. Antes, porém, farei uma pausa para enunciar uma série de conceitos do campo da etologia animal, os quais formam parte do meu esquema referencial. Em primeiro lugar, farei referência à chamada "iluminação do campo", por Von Uexküll. Para esse autor, a conduta motora do animal, dentro do campo no qual atua, está intimamente vinculada às suas necessidades instintivas. Por exemplo: se um animal tem fome, o campo se transformará em um campo de presa e determinados elementos de tal campo se converterão, nesse momento, em sinais significativos que permitirão ao animal orientar-se para encontrar a presa. Esses mesmos sinais significativos para o campo de presa, porém, deixarão de sê-lo se as necessidades forem de outra índole; por exemplo, sexuais. Aqui, o campo deixará de ser um campo de presa para se transformar num campo sexual. Tanto nesse caso como no outro, o ato instintivo, a obtenção do objeto, atua como esquema liberador da tensão instintiva que desencadeia a iluminação do campo.

Outra noção que considero importante é a do campo tenso e do campo relaxado, de Wolfgang Köhler. Para esse autor, entre indivíduo e objeto cria-se um grau de tensão variável e, quanto maior a tensão, mais ligado ficará o indivíduo ao objeto, diminuindo suas possibilidades de discriminação e, portanto, de solucionar problemas para chegar à meta. As experiências de Köhler são muito conhecidas e, se as cito, é simplesmente para recordar e exemplificar seus conceitos. Köhler usou um cachorro, uma gaiola e um pedaço de carne. A gaiola tinha, em sua parte posterior, uma porta aberta. Diante da gaiola, colocou a carne; o cachorro, colocou-o diante da porta da gaiola. O cachorro entrou na gaiola, mas se deteve antes de chegar à grade; saiu, rodeou a gaiola e comeu a carne. Em seguida, Köhler repetiu a experiência, colocando a carne mais próxima da grade; o cachorro entrou na gaiola e procurou alcançar a carne através da grade. O animal, nesse caso, não encontrou a solução, permanecendo como que preso ao objeto. Na primeira experiência, o animal achou a solução, por estar num campo relaxado; no segundo caso, não a conseguiu, por encontrar-se em campo tenso.

Outra experiência de Köhler, também significativa para o tema da aprendizagem, é a que realizou com um macaco dentro de uma gaiola e uma banana a certa distância. Dentro da gaiola, colocou também duas varas com as quais não se podia alcançar o alimento caso fossem usadas separadamente. O animal tentou várias vezes alcançar o alimento até que, finalmente, desistiu. Começou, então, a brincar com as varas, até que, em determinado momento, descobriu que podia encaixar uma vara na outra no sentido longitudinal. Imediatamente, usou esse instrumento para alcançar a banana. O animal descobriu, brincando, a solução do problema. Embora a solução tivesse sido casual, quando percebeu que armou uma vara mais longa, utilizou-a, imediatamente, para alcançar seu objetivo. Ou seja, sua atividade não estava totalmente alheia ao campo no qual se movia. Mas, além disso, Köhler observou que o animal, em experiências posteriores, desprezava a meta instintiva, o alimento, e dava a seu instrumento outras finalidades. Bally, comentando essas experiências, disse: "Realmente significa algo novo o fato de que o animal já não pesca para alcançar a presa, mas passa a desejar uma presa para poder pescar". Acrescenta ainda: "A meta biológica é o ato instintivo que é alcançado por meio da conduta de apetência. Pelo contrário, diríamos, agora o objetivo é um ato aprendido no âmbito da apetência, que foi adquirido com uma relativa independência da meta do instinto". Mas, além disso, o animal aprende, por meio da experiência, a conhecer a vara e valorizar o que pode fazer com ela; estuda-a, investiga-a e descobre-a como um objeto independente dele mesmo. O animal começa a instrumentar. A vara passa a ser usada para saltar, para atirar, para cutucar seus vizinhos, para ser introduzida nos orifícios, para ser equilibrada e também para alcançar o alimento. Surge, assim, uma nova relação entre o animal e o instrumento, cria-se uma "estrutura de ação" (Bally) que enriquece as possibilidades de ação do animal. Todas essas conquistas foram possíveis por meio de uma atitude brincalhona em um campo relaxado, sem a tensão e a intranquilidade do campo tenso.

DRAMATIZAÇÃO

Retomando o tema da dramatização e aplicando a terminologia de Von Uexküll e Köhler, podemos dizer que nosso trabalho, durante a aprendizagem, será fundamentalmente diminuir a tensão do campo e fornecer ao protagonista elementos instrumentais com os quais possa jogar dramaticamente e encontrar soluções.

Esse *jogar dramático* corresponde ao *ato de aprender*, como a dramatização, no psicodrama, corresponde, a meu ver, ao núcleo da aprendizagem. Parafraseando Lorenz, acrescentamos que devemos considerar que a meta da aprendizagem é o ato de aprender e não o conhecimento. O conhecimento adquirido é simplesmente o resultado desse ato de aprender e tem um sentido de esquema libertador.

No ato de aprender, no drama, é onde se focalizam os esforços e onde se utilizam amplamente as técnicas psicodramáticas.

Em conjunto, essas técnicas têm a faculdade de despertar um interesse comum no que está ocorrendo "aqui e agora", obtendo-se, com isso, um elemento básico para a aprendizagem como é a atenção, além do fato de que o processo de objetivar e concretizar, no cenário, ideias e conceitos compromete profundamente os protagonistas e fornece ao grupo fatos recém--acontecidos, com os quais pode operar nas mais diversas direções. Como, ao mesmo tempo, toda crítica verbal deve ser acompanhada de demonstração no plano dos fatos, o compromisso envolve tanto o auditório como os protagonistas. Cria-se assim, numa aula, um clima favorável para a incorporação progressiva de novos conhecimentos, por meio do ato de aprender, das repetições, dos erros e dos acertos. Como diz Freud: "Pensar é atuar experimentalmente".

Criados o desejo de aprender e o campo de aprendizagem, basta acrescentar os instrumentos para o jogo dramático, constituído por técnicas específicas que giram em torno do treinamento de papéis e da reconstrução psicodramática.

Em geral, inicio as aulas investigando as concepções que os alunos têm da doença mental, como é adquirida, suas manifestações e as possíveis formas de investigá-la. Essas primeiras dramatizações costumam ser muito curiosas e surpreendentes, principalmente se não há conhecimento científico prévio. Mostram, rapidamente, os preconceitos sobre a loucura e as etiologias populares sobre esta. Essas versões são de inestimável valor, pois constituem um conhecimento popular muito arraigado, contra o qual se tem de lutar para substituí-lo por um conhecimento científico, e costumam ser a causa de muitas dificuldades na aprendizagem. Além disso, a comparação dessas dramatizações com dramatizações posteriores sobre o mesmo tema fornece elementos para avaliar o grau de conhecimento adquirido.

Por outro lado, esse tipo de dramatização conduz à aprendizagem da semiologia, ao motivar os alunos para o estudo da enfermidade mental e suas características. Uma vez esclarecidos e elaborados esses conceitos, passo para a semiologia em si, trabalhando com técnicas de treinamento de papéis.

Um dos alunos faz o papel de paciente e outro o de médico que investiga. Vão sendo trocados os alunos no papel de paciente, enquanto o aluno no papel de médico permanece o mesmo. As dramatizações são discutidas e podem-se, ainda, introduzir outras técnicas psicodramáticas como o duplo Eu, o solilóquio, o espelho etc., caso haja necessidade de esclarecer e entender determinadas atitudes relacionadas com o papel de médico ou com a compreensão daquilo que se está estudando.

Os alunos devem passar tanto pelos papéis de paciente quanto de médico, o que proporciona, além de uma dobrada experiência de aprendizagem, a vivência do papel complementar, ou seja, o de paciente.

A dramatização de síndromes psiquiátricas é feita tomando-se por base o estudo de uma síndrome e sua posterior dramatização com a técnica do treinamento de papéis. Alternadamente, o médico e o paciente serão os encarregados de construir, em diferentes dramatizações, o ambiente no qual ocorrerá a entrevista, se o doente está acompanhado, internado etc. Todos esses elementos introduzidos pelos protagonistas para construir um contexto dramático são pontos de referência que podem ser tomados para avaliar o aluno de maneira indireta ou para introduzir mudanças em plena dramatização. Por exemplo, faz-se uma cena em que o acompanhante é o doente.

Aprendidas as síndromes psiquiátricas, passo para a entrevista psiquiátrica, na qual o protagonista desconhece a síndrome que o ego-auxiliar vai dramatizar. A técnica é a mesma do treinamento de papéis.

Nos casos das psicoterapias e supervisões, a técnica é semelhante. No caso de psicoterapia de grupo, dramatiza-se com um número igual de pacientes, os quais deverão ser caracterizados pelo protagonista. Para a supervisão, não é necessária a versão exata da sessão, mas o sentido desta, para poder observar as condutas espontâneas do protagonista e das técnicas que usa para conseguir seu objetivo. O diretor, além disso, poderá dar senhas ao ego-auxiliar, a fim de que interpole resistências durante a dramatização e consiga que o protagonista mostre como faria numa situação semelhante.

Quero acrescentar ainda, sobre esses esquemas, que existem múltiplas variações e possibilidades que enriquecem continuamente o campo da aprendizagem, e que os mencionados são apenas pontos de referência para iniciar a aprendizagem vivencial.

No que diz respeito à relação entre os conceitos etológicos e o psicodrama, podemos resumi-los da seguinte maneira:

As técnicas psicodramáticas para o aprendizado da psiquiatria criam um campo operacional com determinada tensão, a qual, habitualmente alta no início, vai diminuindo à medida que se dramatiza.

A iluminação do campo consegue-se por meio da motivação que se desencadeia no protagonista, ao comprometê-lo com a dramatização.

O relaxamento do campo atinge-se com os jogos dramáticos, os quais se transformam, por um momento, em metas para, a seguir, ao ser instrumentados, voltar a ser novamente meios.

Com esse tipo de aprendizagem em que a instrumentação é praticamente imediata, vivencial, o conhecimento é assimilado com maior facilidade e incorporado ao Eu como um elemento próprio e não enxertado.

INFLUÊNCIAS DO AMBIENTE NAS DIFICULDADES DE APRENDIZAGEM DA PSIQUIATRIA

PARA SUA MELHOR COMPREENSÃO, vou me referir à experiência vivida por cinco grupos de estagiários de psiquiatria nos quais foi utilizado o psicodrama como parte do aprendizado. Darei destaque, em particular, à influência do meio sobre a aprendizagem, levando em consideração a existência de grupos residentes (alunos que moram no hospital) e de não residentes, os quais mantinham diferentes períodos de contato com doentes mentais dentro do Hospital Neuropsiquiátrico de Homens.

CARACTERÍSTICAS DOS GRUPOS

São indivíduos pós-graduados, de ambos os sexos, cujas idades variam de 24 a 37 anos, distribuídos em grupos de sete a 15 integrantes, que realizam sua formação psiquiátrica durante um período de três a quatro anos.

INTRODUÇÃO AO PSICODRAMA

Todos os grupos realizam uma sessão normal de psicodrama dentro do hospital. Os residentes, ao longo de toda sua formação; os outros, por meio de seminários.

Cada grupo é dirigido por uma equipe formada por um diretor e dois ou mais egos-auxiliares.

OBSERVAÇÕES

As notáveis diferenças de reação, observadas entre os grupos de residentes e aqueles constituídos por indivíduos que moram fora do hospital, diante do objeto do conhecimento, a psiquiatria, atraíram, particularmente, minha atenção. Observei que o contato com o "ambiente patológico", permanente em uns grupos e esporádico em outros, criava notáveis diferenças nas características dos grupos e em suas dificuldades de aprendizagem. Diferenças e dificuldades essas que não podiam ser justificadas pelas condições pessoais de seus integrantes nem pela estrutura do grupo.

Revendo o material desses grupos, observei que, *inicialmente*, nos grupos de não residentes, o impacto emocional causado pelo contato com doentes mentais, dentro do particular contexto da instituição hospitalar, era explicitado e dramatizado com relativa frequência, ao passo que nos grupos de residentes isso não acontecia, apesar de estes estarem mais expostos à influência ambiental pelo fato de viverem dentro do hospital. Os temas, neste último caso, referiam-se, quase constantemente, à direção, à organização, às divisões internas etc., ou seja, temas referentes ao subgrupo "são" da instituição.

Uma nova comparação, *três meses depois*, permitiu-me verificar que, nos grupos de residentes, mantinha-se a negação diante da influência aflitiva do meio e continuavam os conflitos com as autoridades e o pessoal docente da residência, a que se acrescentava o surgimento de sintomas tais como: ausência significativa de certas atividades, dificuldades na relação médico-paciente, distúrbios osteomusculares, dificuldades para estudar dentro do hospital, condutas irracionais, além de uma especial dificuldade, para não dizer rejeição, no que se referia ao esclarecimento psicológico, tanto no nível individual quanto grupal.

Por outro lado, os grupos de não residentes continuavam elaborando esporádica, porém regularmente, sua adaptação ao meio hospitalar. Os temas eram muito significativos e facilmente relacionáveis com a situação atual, por exemplo: os grupos segregados, o racismo, a imigração, quando não diretamente equacionados, como a situação do médico dentro do Hospital Psiquiátrico, em função dos pacientes. Por exemplo: quem era o estranho dentro do hospital, o médico ou o paciente? Ou então o que denominei "geografia da sala", onde se examinavam as zonas em que, para eles, se havia dividido o campo de trabalho: uma *zona de segurança*, onde se sentiam tranquilos, formada pela sala de aula, a sala do chefe, a secretaria e os consultórios; uma *zona de incursões*, próxima da anterior, que incluía corredores e zonas imediatamente próximas, onde alguns haviam ido sozinhos; e ainda uma *zona perigosa*, constituída pelo fundo da sala e pelos banheiros, afastada da zona de segurança, à qual nenhum deles havia ido, mas observavam com curiosidade.

Como se compreenderá, a disposição desses dois grupos para a aprendizagem de psiquiatria era bastante diferente e acarretava um elevado custo para os residentes, do ponto de vista de sua economia psíquica.

Devo acrescentar que em grupos de residentes, anteriores aos que estão sendo considerados, chamavam a atenção a quantidade de acidentes, condutas psicopáticas e, em alguns casos, surtos psicóticos que criavam, em conjunto, um ambiente pouco propício para a aprendizagem de psiquiatria, o que nos dá uma ideia das tensões psíquicas que os residentes deviam suportar e as consequências daí advindas.

Resumindo, veremos que, nos grupos de não residentes, existia, desde o começo, uma consciência clara do impacto emocional causado pelo "ambiente patológico", o que lhes permitiu elaborá-lo, por meio das dramatizações, até que fosse transformado em objeto do conhecimento, ao passo que, nos grupos de residentes, a negação da influência ansiógena do meio impediu sua elaboração e, ao incrementar-se o estímulo, aumentou o bloqueio, desencadeando sintomas e condutas irracionais compensatórias.

Diante dessa situação, tivemos de realizar um reajuste da técnica ao contexto: "grupos fechados, de convivências, em um ambiente patológico de residentes". Centralizamos então nossos esforços para resolver sistematicamente os estados de ansiedade desencadeados pelo meio, embora não fossem trazidos espontaneamente para o grupo. Encontrei, então, sob a exuberância de outros sintomas relativos, problemas e temas semelhantes aos trazidos pelos grupos de não residentes, logicamente com seus aspectos peculiares. Por exemplo, conflitos intra e intergrupais relacionados com os alojamentos que as mulheres deveriam ocupar, tentativas de segregar as mulheres para evitar o matriarcado, perda do sentido de orientação dentro do hospital, medo de enlouquecer, desagregação, fenômenos ilusórios dentro da residência, atuações intergrupais significativas etc., que nos permitiram dramatizar e elaborar os verdadeiros conflitos atuais dos residentes com o meio.

CONCLUSÕES

As conclusões são:

a. Que o "ambiente patológico" dentro do qual devem atuar os pós-graduados mobiliza ansiedades que repercutem em diferentes áreas de sua personalidade, que se manifestam por meio de somatizações de diferentes graus de gravidade, acidentes, quadros psicóticos, transtornos na aprendizagem, ausências significativas a atividades, condutas psicopáticas etc.

b. Que as ansiedades mobilizadas, quando intensas, mantêm o grupo em estado de "crise" constante, que desencadeia reações defensivas, transformando o médico ou o grupo em um corpo enquistado dentro da instituição hospitalar.

c. Que o mecanismo de negação do "ambiente patológico" é diretamente proporcional ao grau de contato com esse ambiente.

d. Que, nos grupos de ensino, deve-se realizar a psicoprofilaxia dos transtornos desencadeados pelo meio, o mais precocemente possível, para evitar, entre outros, o bloqueio diante do objeto do conhecimento.

e. Que se deve adaptar a técnica às necessidades do grupo focalizado e resolver, o mais cedo possível, seus conflitos com o meio em que deve atuar.

f. Que o psicodrama, comparado com técnicas utilizadas anteriormente em grupos semelhantes, demonstrou ser a técnica que mais se adapta às necessidades desse tipo de grupos, possivelmente pelo fato de lidar com elementos concretos, atuais e não interpretativos.

INDICAÇÕES

De acordo com o que foi dito anteriormente, considero que, para obter uma adequada formação do psiquiatra dentro de um ambiente hospitalar, além dos conceitos puramente teóricos, deve-se fornecer a ele:

a. Um corpo docente ou diretivo que funcione como uma entidade coerente, organizada e relativamente rígida que proporcione, indiretamente, segurança e apoio para contrabalançar o "ambiente patológico".

Essa conclusão surgiu como uma necessidade em todos os grupos por nós tratados, já que qualquer inconveniente na organização era vivido pelos integrantes num nível catastrófico.

b. Um sistema de seleção com técnicas psicodramáticas, que permita a observação do indivíduo *in situ* e sua posterior escolha com relação à sua *adaptação* para determinado meio, e não simplesmente por suas *capacidades*.

INTRODUÇÃO AO PSICODRAMA

Um candidato com muito bom nível pode não ser apto para uma residência psiquiátrica em virtude de suas dificuldades para elaborar a ansiedade.

c. Um grupo de psicoterapia dirigida, antes de seu ingresso ou, então, desde o primeiro dia de moradia no hospital. Acrescenta-se a isso que o residente não deve ter contato direto com pacientes, até que tenha conseguido uma boa elaboração de suas ansiedades psicóticas.

Aconselho o psicodrama dirigido, por ser uma técnica que proporciona um ensaio antecipado no "como se" da dramatização, familiarizando o estudante com suas próprias dificuldades e com as maneiras de resolvê-las, facilitando assim sua adaptação. Continua-se, então, com o grupo de psicoterapia não dirigida.

d. Um plano de segurança constituído de uma explicação detalhada, de visita às diversas dependências com as quais deverá estar em contato e de orientação sobre os meios com os quais pode contar, em caso de perigo, desorientação etc., zonas de segurança, zonas de perigo etc.

e. Um grupo de treinamento de papel, no qual exercite seu papel de psiquiatra na relação médico-paciente.

7. O psicodrama como instrumento

REVENDO A BIBLIOGRAFIA SOBRE estatística em psicoterapia e, em particular, as conclusões extraídas dela (Campbell-Taylor), chega-se à conclusão de que praticamente todas as psicoterapias logram resultados semelhantes e de que tais cifras têm mais relação com a personalidade do terapeuta do que com a técnica em si.

A meu ver, esse é um índice do estádio em que estamos em psicoterapia e da falta de diferenciação ainda existente entre indivíduos e instrumento. Farei referência, agora, ao psicodrama como instrumento independente da personalidade de quem o utiliza e à influência que tal diferença exerce sobre o psicodramatista.

Parto da definição técnica de instrumento: "Dispositivo para cumprir um objetivo", e das características consideradas nesse campo: "Os instrumentos e os sistemas de instrumentos aperfeiçoam, ampliam ou suplementam as faculdades e possibilidades humanas para sentir, perceber, comunicar, recordar, calcular ou raciocinar" (*Enciclopédia Técnico-Científica Salvat*).

DEFINIÇÃO

O PSICODRAMA É UM instrumento psicoterápico complexo, constituído por cinco instrumentos fundamentais: o diretor, o protagonista, os egos-auxiliares, o cenário e o auditório. Trata-se, pois, de um sistema de instrumento.

Com esses instrumentos, opera-se em três etapas: a de aquecimento, a de dramatização e a de comentários ou análise, levando-se em conta três contextos: o social, o dramático e o grupal.

Para operar com o psicodrama, há necessidade de um treinamento prévio e um conhecimento profundo das técnicas, bem como um equilíbrio dinâmico com o ego-auxiliar ou egos-auxiliares (unidade funcional: diretor-ego-auxiliar). O campo operativo do psicodrama é o cenário. A operação fundamental é a dramatização.

MODUS OPERANDI

A OPERAÇÃO TERAPÊUTICA PSICODRAMÁTICA realiza-se com dois instrumentos fundamentais: o diretor e os egos-auxiliares.

Por intermédio do primeiro, efetua-se o aquecimento inespecífico, com o fim de focalizar a atenção e iniciar as interações que dão origem ao emergente grupal: o protagonista.

Em seguida, ocorre o encontro entre protagonista e diretor. Durante esse encontro, realiza-se o aquecimento específico e obtém-se o material necessário para que o diretor construa uma "hipótese terapêutica". A "hipótese terapêutica" concretiza-se no cenário sob a forma de contexto dramático.

Com o segundo instrumento, opera-se na dramatização. O ego-auxiliar, partindo da senha dada pelo diretor, inicia então seu trabalho terapêutico dentro do contexto dramático. Fundamentalmente, consistirá em detectar, por meio da interação, o papel ativado no protagonista (efeito radar) para assumir, então, o papel complementar que vai permitir o surgimento de um vínculo. Esse vínculo, evidenciado pela interação dos papéis assumidos pelo protagonista e pelo ego-auxiliar, permitirá ao diretor observar no "aqui e agora" sua patologia, reavaliar sua "hipótese terapêutica" e agir consequentemente a ela. Se for necessário, introduzirá novos elementos, modificará cenas ou prosseguirá na linha de sua "hipótese terapêutica".

Trata-se, pois, de um processo dialético entre diretor e dramatização. O diretor planifica, mas é o ego-auxiliar quem verifica, por meio da dramatização, suas hipóteses.

Finalmente, uma vez conseguido o grau de "*insight* psicodramático" desejado pelo diretor, volta-se a dialogar com o auditório e, com ele, completa-se a elaboração das cenas compartilhadas.

UNIDADE DINÂMICA PSICODRAMÁTICA

É O RESULTADO DA inter-relação entre a equipe terapêutica e o instrumento, em função do objetivo terapêutico.

A unidade dinâmica psicodramática adquire funcionalidade quando o psicoterapeuta, no papel de diretor, analisa, com critério psicodramático, o material trazido pelo paciente ao cenário, com a colaboração dos egos-auxiliares, e realiza, por seu intermédio, os atos terapêuticos necessários para obter a catarse de integração e o "*insight* psicodramático".

A fim de que essa unidade dinâmica renda o máximo de suas possibilidades, é necessário que haja uma clara diferenciação entre as possibilidades da equipe terapêutica e as de instrumento. Para tanto, é indispensável que seja objetivado o instrumento.

OBJETIVAÇÃO DO INSTRUMENTO

É A RESULTANTE DE uma série de procedimentos, intimamente relacionados com o treinamento, que permite ao indivíduo descobrir e conhecer possibilidades, limites e alcances do instrumento como parte da unidade dinâmica a que pertence. Esse conhecimento é um dos aspectos-chave da terapia psicodramática porque a equipe que maneja uma série de instrumentos pode confundir a limitação do sucesso técnico com suas próprias limitações. O temor de certos terapeutas de encarar situações de difícil e delicado manejo, como são as eróticas e as agressivas, no cenário psicodramático nasce justamente da falta de objetivação do instrumento que utilizam.

Outra circunstância que chama a atenção é a que ocorre naqueles casos em que o terapeuta utiliza cegamente os instrumentos que a técnica lhe dá porque confia mais em sua própria segurança de manejar a situação criada do que na efetividade do instrumento de que se serve.

Para conseguir a objetividade do instrumento, consideramos necessário:

a. Uma rigorosa formação técnica, com treinamento de papel (*role-playing*) tanto para diretores como para egos-auxiliares, na qual se podem avaliar os alcances e limitações dos papéis assumidos por eles e as possibilidades que estes possuem em mãos espertas. Não basta, pois, dizer aos alunos o que *se deve fazer*, mas cada diretor e ego-auxiliar experiente deverá *mostrar* praticamente, no "aqui e agora", *como se faz.*

b. Uma formação teórica coerente com a técnica e os instrumentos que vão ser utilizados. A dissociação entre teoria e prática conduz à formação de pseudopapéis que, fatalmente, virão em detrimento do paciente e da técnica. Pelo contrário, a coincidência entre a ideologia e as possibilidades técnicas do instrumento conduz à formação de papéis bem desenvolvidos, que permitem operar com comodidade e eficiência.

c. Um treinamento especializado para a unidade funcional diretor-ego-auxiliar, com treinamento de papel (*role-playing*). Tratando-se de uma equipe terapêutica que vai operar, é indispensável o conhecimento perfeito da inter-relação dos instrumentos terapêuticos que vão ser utilizados.

d. Uma clara tomada de consciência da diferença entre indivíduos, papel e instrumento. Para que um indivíduo possa atuar psicoterapicamente, deve ter desenvolvido, previamente, um papel que lhe dê capacidade para utilizar determinado instrumento. Mas, além disso, um papel de psicoterapeuta não pode ser utilizado indiscriminadamente para qualquer instrumento.

e. Uma aceitação, por parte do indivíduo, das influências desencadeadas e condicionadas pelo instrumento.

f. A aceitação das possibilidades diacríticas e verificadoras do instrumento.

INFLUÊNCIAS DO INSTRUMENTO SOBRE O PSICODRAMATISTA

O CONHECIMENTO DAS POSSIBILIDADES terapêuticas do instrumento traz como consequência uma melhor valorização das próprias possibilidades terapêuticas. Há ocasiões nas quais se percebe que o limite depende do instrumento, e outras em que depende do instrumentador. A consciência disso permite um enfoque mais realista do processo terapêutico. Pretender que um instrumento resolva tudo é persistir numa supervalorização ingênua, que servirá mais para proteger a própria onipotência do que o próprio instrumento.

No psicodrama consegue-se a máxima diferenciação entre indivíduo e instrumento graças à dramatização. Nela, como vimos antes, produz-se a interação protagonista-ego-auxiliar a partir da "hipótese terapêutica" do diretor. Entretanto, uma vez iniciada, a dramatização adquire autonomia, e justamente em virtude dessa independência é que o diretor recebe as principais influências do instrumento, pois é nesse momento que ele pode observar as condutas e os gestos significativos do protagonista no campo constituído pelo contexto dramático no cenário.

Os atos terapêuticos, realizados a seguir, estarão impregnados pelo material obtido na dramatização.

O controle excessivo da dramatização por parte do diretor é um sinal da falta de instrumentação e, portanto, de confiança em suas possibilidades. A falta de direção assinala a transferência da responsabilidade para o instrumento.

8. O "objeto intermediário"

HISTORICAMENTE, O TERMO "OBJETO intermediário" está vinculado à experiência realizada com marionetes em psicóticos crônicos, com o fim de atrair a atenção destes durante as sessões de psicodrama.

Pude observar, então, o enorme poder de atração que possuem as marionetes em mãos experimentadas e sua influência favorável na duração do aquecimento. O que demorava de 30 a 45 minutos passou para cinco ou dez minutos. Mas, além disso, descobri que o efeito produzido pelas marionetes não se reduzia simplesmente ao fato de cativar a atenção, era também um valioso elemento para a comunicação.

Vejamos alguns exemplos:

EXEMPLO 1

"AO INICIAR UMA SESSÃO, um dos pacientes mostra-se preocupado com um de seus companheiros que está há vários dias quase sem falar e parece alucinado. Dirijo-me a este último para interpelá-lo a esse respeito, mas todos os meus esforços são inúteis, já que não consigo arrancar-lhe uma única palavra. Dedico, então, minha atenção a outros pacientes. Por fim, indico ao ego--auxiliar, que lida com as marionetes, que se dirija ao paciente procurando obter uma resposta e, se a conseguir, faça as perguntas que ele me havia respondido anteriormente. O fantoche aparece em cena e, após um breve monólogo introdutório, dirige-se ao paciente, chamando-o pelo nome. Este o observa com atenção e responde ao chamado. Em seguida, inicia-se o diálogo e a marionete lhe faz as perguntas mencionadas. O paciente responde sem resistência, dando mostras de simpatia pela marionete."

EXEMPLO 2

"UM PACIENTE COM INTENSAS alucinações auditivas irrompia constantemente no cenário, aparentemente sem participar de nada que ocorria ao seu redor. Experimentamos diferentes meios de comunicação, mas, como respostas, obtínhamos apenas uma ou outra frase convencional. A seguir, entregava-se novamente a suas alucinações e retirava-se da sessão. No dia em que um fantoche o chamou pelo nome e continuou se dirigindo a ele, este ficou muito surpreso, sorriu e começou a dialogar com ele.

A partir desse primeiro contato entre a marionete e o paciente, produziu-se uma mudança radical em sua atitude. Daí em diante, não só obtivemos sua atenção para as dramatizações como também era rara a sessão da qual não participasse, inicialmente com marionetes e a seguir com egos-auxiliares."

EXEMPLO 3

"EM OUTRA SESSÃO, FIQUEI sabendo que um paciente havia tido, na noite anterior, um problema com o vigilante da enfermaria.

Procurei fazer que narrasse o ocorrido, mas o paciente negou-se obstinadamente a responder e manteve-se em silêncio. Recorri às marionetes e pedi ao ego-auxiliar que repetisse o que eu havia perguntado. O paciente não só prestou atenção, como relatou inteiramente o fato ocorrido."

Introdução ao psicodrama

Nos três exemplos, o essencial é o fato de que, com as marionetes, se obteve uma resposta que não foi conseguida quando o contato era tentado diretamente de pessoa para pessoa. Por circunstâncias especiais, os pacientes respondiam quando a fonte emissora não era humana. Investigando mais sobre tal observação, descobrimos o mesmo fenômeno em todas aquelas circunstâncias nas quais o paciente estava em estado de alarme intenso ou com alterações do esquema corporal.

Em todos os casos, o denominador comum era o temor de serem invadidos ou penetrados pela fonte emissora, quando esta possuía todas as características humanas. A marionete, como fonte emissora, pelo fato de não possuir tais características, passava a ser um objeto inócuo e, portanto, utilizável terapeuticamente.

Baseando-me na sua qualidade de objeto e na sua função de intermediário, decidi denominá-lo "objeto intermediário".

Com a finalidade de enquadrá-lo na Teoria Geral dos Papéis, passarei, a seguir, a descrever o esquema de papéis que, habitualmente, uso para raciocínio clínico (Figura 1). Nele vemos um círculo externo que corresponde ao limite do "si mesmo" (1), o qual, como uma espécie de membrana celular, envolve totalmente o Eu (2), representado por uma esfera central ou núcleo.

O "si mesmo", como limite psicológico da personalidade, tem uma função protetora e, nesse sentido, está intimamente relacionado com os mecanismos de defesa.

Ao nível físico, corresponde ao espaço pericorporal de que cada indivíduo necessita para sentir-se à vontade. Experimentalmente, podemos verificá-lo aproximando lentamente outra pessoa do indivíduo a ser investigado até que este manifeste que se sente incomodado. Veremos, dessa maneira, que cada indivíduo tem uma distância mínima para colocar seu interlocutor e que essa distância varia de acordo com o momento psicológico em que se encontra e com o estímulo utilizado. A sensação de desagrado que se experimenta quando outra pessoa adentra o "terreno pessoal", quando invade esse espaço pericorporal individual, corres-

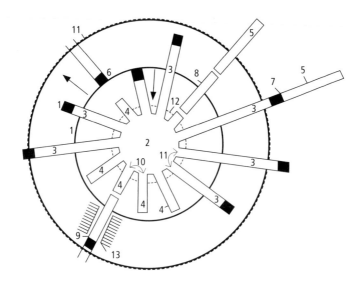

Figura 1 - 1. Limite do si mesmo. 2. Eu. 3. Papel. 4. Papel pouco desenvolvido. 5. Papel complementar. 6. Relação papel complementar-si mesmo. 7. Vínculo. 8. Objeto intermediário. 9. Pseudopapel. 10. Inter-relação de papéis. 11. Expansão do si mesmo em estados de alarme. 12. Contração do si mesmo em situações especiais de aquecimento. 13. Contexto que mantém o pseudopapel.

ponde, em nível psicológico, ao momento em que o papel (3) de outro indivíduo se põe em contato (6) com o "si mesmo", o que ocorre quando não se conta com um papel complementar (5) para estabelecer um vínculo. Nessas circunstâncias, fisicamente o indivíduo pode retroceder um pouco ou empurrar com a mão a outra pessoa. Psicologicamente, no caso de estar dramatizando, o paciente sai do papel ou realiza um *acting out* irracional.

Os papéis (3, 4) são prolongações do Eu, e é por intermédio deles que se relaciona com os papéis complementares (5) (por exemplo: pai-filho, vendedor-comprador, terapeuta-paciente), dando origem a um vínculo (7) (por exemplo: filial, comercial, terapêutico). Existem papéis bem desenvolvidos (3), que vão além dos limites do "si mesmo"; e papéis pouco desenvolvidos (4), que ficam dentro da área do "si mesmo". Esses papéis não entram em contato com seus complementares, mas por meio do "si mesmo" (6), salvo situações especiais de aquecimento (12).

A relação que se estabelece por meio dos papéis caracteriza-se pelo pouco compromisso que envolve e pela possibilidade que dá de objetivar continuamente o "vínculo" (7), já que o relacionamento é feito "a distância".

EXEMPLO 4

"UMA ESTUDANTE DE PSICOLOGIA fala de seus temores aos doentes mentais do sanatório. Dramatiza-se uma cena na qual a protagonista caminha dentro do hospital em direção ao departamento onde realiza trabalhos práticos. Um ego-auxiliar assume o papel de psicótico e se aproxima dela. A protagonista para e lhe responde amavelmente, iniciando um diálogo com o paciente. Quando pretende seguir o seu caminho, o ego-auxiliar põe-se diante dela e lhe pede dinheiro. Ela dá o dinheiro a ele e tenta prosseguir novamente no seu caminho. Ao ver que o ego-auxiliar barra sua passagem e continua falando, fica como que paralisada. Não sabe o que fazer para sair da situação. Finalmente, solicita ao diretor que suspenda a dramatização, pois não pode continuar pela angústia que a invade."

Neste exemplo, a protagonista começa a dramatização sem dificuldade no "como se" no cenário. Mas, à medida que o ego--auxiliar, por meio do jogo dramático, adota cada vez mais as características de um papel determinado, induz a protagonista a utilizar o papel complementar que lhe permite resolver a situação adequadamente. A crise de angústia produzida no "como se" do cenário, ao confundir fantasia com realidade, ao nível de um papel, é o resultado, no nosso esquema, do contato do papel do ego-auxiliar com o "si mesmo" da protagonista (6) (a protagonista sabia que estava dramatizando num cenário e que o ego-

-auxiliar não era um psicótico. Entretanto, ao nível do papel dramatizado, respondeu como se realmente estivesse no hospital, com um doente; daí sua impossibilidade de continuar a cena).

Sempre que um papel alheio entra em contato com o "si mesmo", a situação é vivida em nível pessoal e, portanto, sentida como real, já que compromete totalmente o indivíduo.

Voltando ao esquema de papéis, vemos que o "si mesmo" (1) constituía o círculo externo e o comparamos a uma espécie de membrana celular que recobria totalmente o Eu.

Esse limite não é fixo, mas pode variar de acordo com as condições em que se encontra o indivíduo. Nos casos de estados de alarme, produzidos por estímulos externos ou internos, o "si mesmo" se expande (11), aumentando sua superfície, podendo chegar, em casos extremos, a cobrir totalmente os papéis (por exemplo: em estados de pânico). Pelo contrário, com o aquecimento, o "si mesmo" se contrai e pode chegar a contatar com o Eu (por exemplo: na relação sexual) (12).

Com respeito ao "objeto intermediário" e sua relação com o "si mesmo", podemos partir para sua compreensão, nos casos mencionados nos Exemplos 1, 2 e 3, quando se recorreu às marionetes para estabelecer contato.

Nesses casos, o estado de alarme mantinha expandido o "si mesmo" de tal maneira que não permitia o estabelecimento de vínculos (relação papel-papel) por estarem os papéis dentro do "si mesmo". Ao utilizar as marionetes como "objeto intermediário", conseguiu-se um grau de aquecimento tal que permitiu a emergência dos papéis e, dessa maneira, se estabeleceram vínculos. Além disso, naqueles casos nos quais não se podia obter maior aquecimento e/ ou os papéis estavam muito pouco desenvolvidos, a marionete, como elemento inócuo, permitiu a comunicação por intermédio dela. O "objeto intermediário" pode ultrapassar a barreira do "si mesmo" sem desencadear reações de alarme, particularidade que lhe confere a possibilidade de ser utilizado como instrumento terapêutico (relação papel-objeto intermediário-papel).

Essa utilidade, por outro lado, não se reduz aos transtornos mentais graves, mas aplica-se a todos aqueles casos em que existem papéis pouco desenvolvidos (4), sobre os quais se deseja atuar terapeuticamente, e/ou estados de alarme, que mantêm o "si mesmo" expandido.

EXEMPLO 5

"EM UM GRUPO DE adolescentes, um deles conta sua dificuldade para manifestar seus sentimentos em relação às moças. Dramatiza-se uma cena de uma festa. O protagonista se aproxima de um grupo de moças, entre as quais se encontra aquela que motivou a dramatização, encarnada por um ego-auxiliar. O protagonista se aproxima e conversa com elas sobre assuntos banais, sem nenhuma dificuldade. A um sinal do diretor, as demais moças vão se retirando, até que ele fica sozinho com o ego--auxiliar. Ela o convida a dar uma volta no jardim, para poderem conversar mais à vontade. Nesse momento o protagonista fica perturbado e sai do papel, perguntando ao diretor se deve continuar dramatizando. A seguir, volta-se a repetir a cena, mas com marionetes. Agora a dramatização continua até culminar com uma emotiva cena amorosa."

O protagonista, neste exemplo, pôde assumir por intermédio das marionetes o papel que pessoalmente não pôde fazer. A marionete, como "objeto intermediário", permitiu o funcionamento dos papéis complementares. Existem, além disso, outras circunstâncias nas quais está indicada a utilização do "objeto intermediário", embora o papel seja bem desenvolvido. São aquelas situações nas quais a índole do papel dramatizado talvez desencadeie reações de alarme inesperadas que o protagonista não possa ou tema não poder controlar. Em geral, são cenas nas quais intervêm papéis agressivos ou eróticos.

O "objeto intermediário" pode também ser usado como estímulo para evidenciar aspectos inconscientes ou condutas conflituais evitadas de acordo com os papéis que são postos em funcionamento.

EXEMPLO 6

"EM UM GRUPO DE psicodrama didático, passava-se por uma fase muito competitiva, sem manifestações de rivalidade com o diretor.

Numa dramatização, o diretor coloca um lenço no chão, sem nenhuma explicação. A dramatização continua, mas lentamente vai-se centralizando em torno do lenço. Em determinado momento, as cinco personagens que estavam dramatizando sentam-se em círculo em torno do lenço, introduzindo esse novo elemento na dramatização. Um deles põe as mãos como se estivesse em frente a uma lareira, outro o empurra com o pé, um terceiro o pega, examina-o e faz como se limpasse o nariz. Diante disso, o quarto o amassa como se fosse um papel imprestável e o quinto o alisa e coloca como se fosse uma toalha de mesa. Os demais respondem ao estímulo e dramatizam um piquenique. Cada um refere-se às coisas que estão sobre a toalha e elogia a qualidade da comida, até que um deles encontra formigas nos alimentos e culpa outro de não saber cuidar da comida. Outros dois apoiam o protesto, dizendo ainda que as coisas não estão bem temperadas. Trava-se, assim, uma discussão sobre a responsabilidade que cabe a cada um. O quinto, que não havia dito nada, começa a recolher o lenço e o guarda para si. Os outros, diante disso, avançam sobre ele e, na disputa, rasgam o lenço, situação que interrompe a ação, ficando todos sem saber o que fazer."

Neste exemplo, podem-se observar claramente as diferentes respostas dos protagonistas ao estímulo – objeto do diretor, bem como as mudanças espontâneas que ia sofrendo a dramatização,

INTRODUÇÃO AO PSICODRAMA

graças às interações produzidas e sua manifesta vinculação com o terapeuta.

É importante assinalar, também, o valor do aquecimento nessa circunstância, pois, quando é intenso, os participantes se veem tão envolvidos na situação que atuam praticamente sem um Eu observador.

Se levarmos em conta o exemplo anterior, torna-se fácil compreender as aplicações do "objeto intermediário" em outros campos não psicodramáticos; por exemplo, a terapia ocupacional.

Para concluir, mencionarei algumas das qualidades que considero indispensáveis para classificar um objeto de "objeto intermediário":

1. Existência real e concreta.
2. Inocuidade. Que não desencadeie, *per se*, reações de alarme.
3. Maleabilidade. Que possa ser utilizado à vontade em qualquer jogo de papéis complementares.
4. Transmissibilidade. Que permita a comunicação por seu intermédio, substituindo o vínculo e mantendo a distância.
5. Capacidade de adaptação. Que seja adequado às necessidades do indivíduo.
6. Capacidade de assimilação. Que permita uma relação tão íntima que o indivíduo possa identificá-lo consigo mesmo.
7. Instrumentalidade. Que se preste para ser utilizado como prolongamento do indivíduo.
8. Capacidade de identificação. Que possa ser reconhecido imediatamente.

9. A música como "objeto intermediário"

INTRODUÇÃO

A APROXIMAÇÃO ENTRE AS ciências e as artes é um fenômeno apreciável de nossa época. A tarefa, em ambos os campos, esteve, até há muito pouco tempo, afastada de um critério unificador que desse aos seres humanos a possibilidade de melhor compreensão de sua problemática particular e geral. Talvez agora estejamos começando a romper com velhos esquemas preconcebidos, os quais as mantinham separadas. O homem de hoje vive pressionado e relativamente consciente de uma dificuldade fundamental, a qual denomina, um pouco vagamente, "a incomunicabilidade".

O terapeuta percebe, na sua função específica, que esse problema básico é o primeiro que deve ser resolvido e, na sua busca de formas de comunicação com os pacientes, dirige-se também às artes.

Isso não é casual, já que o artista foi o que sempre tratou, mediante seu sistema de sinais, de transmitir aos demais seu sentir e seu pensar, por todos os meios possíveis. A riqueza da arte, em sua forma multifacetada e universal, mostra à ciência um enorme campo laboriosamente trabalhado, que se projeta do indivíduo criado ao indivíduo isolado, e depois à massa.

Nosso objetivo fundamental é, justamente, comunicar-nos com o outro a partir de nossa própria comunicação com nosso mundo interno.

O exercício de mergulhar dentro de nós mesmos nos ensina que o homem se comunica com os outros à medida que o faz consigo mesmo e, além disso, possui os meios suficientemente eficazes para transmitir sua mensagem.

Sabemos que somos emissores e receptores de mensagens e que essa corrente é possível enquanto não estabelecermos limites ou preconceitos à nossa natureza. Por isso, a terapia moderna procura penetrar no mundo interno do paciente, despojado da já clássica rigidez, puramente conceitual, e recorre sem medo a todos os meios expressivos que tem ao seu alcance.

Nosso objetivo final, como terapeutas, é resgatar o indivíduo mentalmente enfermo para reintegrá-lo em seu meio, do qual se encontra isolado ou totalmente ausente.

A MÚSICA COMO "OBJETO INTERMEDIÁRIO"

CONSIDEREMOS A MÚSICA COMO "objeto intermediário", em virtude das possibilidades que dá ao terapeuta de estabelecer contato com certos papéis do paciente sem desencadear reações de alarme. Esse contato é o que permite, ulteriormente, a interação de papéis e, portanto, a criação de vínculos.

No trabalho de Julieta Alvim, encontramos, a esse respeito, exemplos e observações coincidentes com as nossas. No caso de Cristóbal, por exemplo, a autora explica:

> O menino se relaxava quando ela tocava violoncelo, o que lhe permitia, em certos momentos, obter sua atenção. Embora o menino se mantivesse passivo durante a execução, relacionava-se com o instrumento em si, tratando-o com cuidado e afeto. Cumprimentava-o ao pegá-lo e ao colocá-lo novamente no estojo, como se fosse uma pessoa, e acariciava os contornos da cabeça do instrumento, fazendo vibrar suas cordas.

Em nossa experiência com marionetes, aconteceu algo semelhante, de tal maneira que elas passaram a formar parte do aquecimento de cada sessão para atrair a atenção dos pacientes.

Quanto à busca do contato físico com o "objeto intermediário", as observações são idênticas.

Mais adiante, a autora assinala, entre os objetivos gerais, em primeiro lugar, a comunicação da criança com a música e, em segundo lugar, com o ambiente. Isso, para nós, equivale à comunicação do paciente com o "objeto intermediário", como contato prévio para a comunicação interpessoal. Tal coincidência é mais evidente quando a autora assinala que: "Compartilhar o plano é uma forma de estabelecer uma comunicação entre ele e mim". Como se pode observar, chegamos às mesmas conclusões por caminhos diferentes, o que nos induz a pensar que encontramos uma verdade objetivável.

Utilizando a música como se fosse "objeto intermediário" nos tratamentos psicodramáticos, chegamos às seguintes conclusões:

INDICAÇÕES
Individuais
a. Transtornos agudos e crônicos da comunicação, nos quais a linguagem verbal seja o principal representante da perturbação.
b. Estados de alarme intenso. De acordo com o caso, indicar-se--á a música dentro de uma técnica regulamentada, no caso específico, a psicodança, ou então a música será usada, esporadicamente, dentro do psicodrama clássico, apenas como uma técnica auxiliar.

Grupais
Transtornos de interação que mantenham o grupo dissociado, impedindo:

- seu aquecimento e, portanto, o aparecimento do emergente grupal;
- a dramatização;
- a criação de novos vínculos; e
- a coesão grupal.

TÉCNICA

Sendo nossa principal finalidade conseguir a comunicação com o paciente para influir nele terapeuticamente, a introdução da música como se fosse "objeto intermediário" está condicionada ao momento de sua aplicação. Em geral, seguimos o seguinte esquema:

a. Obtenção do material.
b. Hipótese terapêutica do diretor.
c. Estímulo musical.
d. Dramatização.
e. Verificação dramática da hipótese terapêutica por meio do material emergente. Surge a interação protagonista-ego--auxiliar no "aqui e agora".
f. Revisão terapêutica do diretor.
g. Estímulo musical, relacionado com essa revisão terapêutica.
h. Manejo do estímulo musical, de acordo com o material emergente e com as necessidades terapêuticas.
i. Análise do material.

O que foi descrito anteriormente pode ser explicado com o seguinte caso:

Um paciente chega irritado porque acabou de discutir com sua mulher, e relata o fato. O ego-auxiliar (no caso, do sexo feminino) faz uma observação sobre a situação relatada e o paciente a agride verbalmente de forma desproporcional. O diretor intervém, tentando fazer que o paciente explique o porquê dessa agressão. Este, porém, fica bloqueado e se nega a dar mais explicações.

Recusa-se, também, a dramatizar, o que faz aumentar o nível de ansiedade grupal, em virtude de o grupo ter sido contaminado pelo estado afetivo de um de seus integrantes. Recorre-se, então, a um meio não verbal: a música, que, nesse caso, é utilizada para a obtenção de material.

O diretor convida todos os participantes para virem ao cenário, em razão de o possível protagonista ter-se negado a dramatizar. A música escolhida é o *cante jondo*"[5] visando-se facilitar a descarga motora por meio do movimento dos membros inferiores. Esse jogo dramático permite um relaxamento corporal, facilitando a distensão psíquica. Logo, é introduzida música brasileira, com a finalidade de movimentar outras áreas corporais e conseguir um melhor aquecimento.

Quando percebemos a aceitação da música pelo protagonista (emergente grupal) e se torna claro que ele a está aproveitando, consideramos que o aquecimento chegou ao fim.

Com base nas atitudes expressas anteriormente pelo paciente, além do material trazido no início da sessão, até o momento em que ocorreu o bloqueio afetivo, o diretor constrói a seguinte hipótese terapêutica: "Conflito indiscriminado com a figura feminina, do qual a agressão é somente uma manifestação reativa". De acordo com isso, o estímulo musical selecionado é a "Sinfonia nº 3, de Saint Saëns, começo do *allegro*". O objetivo é envolver totalmente o paciente na situação (semelhante, em essência, à do começo, porém em outro nível), facilitando-lhe a sublimação e o surgimento de fantasias relacionadas com o conflito que representa.

Entramos, então, na dramatização. Os outros integrantes do grupo saem do cenário, já que sua missão era criar um contexto dramático para o protagonista em potencial, contexto esse estimulante e protetor, permitindo-lhe expressar-se com maior liberdade. A partir desse momento, o ego-auxiliar atua livremente. Sua função é detectar, *in situ*, o papel encoberto, com a finalidade de colocá-lo em evidência por meio de vínculo que vai sendo criado em plena dramatização. O ego-auxiliar percebe, então, por meio dos jogos dramáticos que vão sendo realizados no cenário com o protagonista, que o conflito está num nível materno-filial.

---

5. Canto típico da cultura flamenca; significa, essencialmente, "canto profundo". [N. E.]

Dessa maneira, o diretor está recebendo da dramatização as mensagens que o ego-auxiliar emite, utilizando-as para modificar ou verificar sua hipótese terapêutica.

Por outro lado, o protagonista vai respondendo aos estímulos do ego-auxiliar e, ao sentir-se compreendido e complementado, fornece gradativamente o material, entregando-se totalmente ao seu papel.

Existe, pois, uma tríplice inter-relação entre diretor–ego--auxiliar–protagonista, cujos vínculos funcionam como vetores convergentes, sendo, entretanto, de naturezas diversas. O protagonista, nessa etapa, é pura ação dirigida ao ego-auxiliar, que interpreta e complementa sua ação respondendo também de forma ativa (dança), criando o vínculo mais primário ou básico, plasmado, porém, em uma imagem concreta e dinâmica que os envolve.

O diretor recebe essa mensagem e responde com música *ad hoc*. O processo continua, em etapas sucessivas, até o aparecimento da palavra que começa a condensar todas as experiências vividas.

Nesse caso, sem utilizar a linguagem verbal, pôde-se chegar ao conflito latente, utilizando a música como se fosse "objeto intermediário" e a dramatização como elemento verificador e guia da psicoterapia.

UTILIZAÇÃO TÉCNICO-TERAPÊUTICA DA MÚSICA COMO "OBJETO INTERMEDIÁRIO"

Dirigida ao indivíduo

Nesses casos, tomam-se em consideração as dificuldades da criação de vínculos entre os papéis complementares. Assim, a música como "objeto intermediário" poderá ser dirigida a um ou outro dos papéis. De acordo com isso, ela é classificada em:

a. música complementar, quando a finalidade é complementar o papel do paciente-protagonista para facilitar a criação de um vínculo com o papel desempenhado pelo ego-auxiliar;

b. música suplementar, quando, por seu intermédio, tenta-se acrescentar ao papel desempenhado pelo protagonista elementos de que carece, por exemplo os afetivo-emocionais; e

c. música indutora, destinada a estimular a atuação de determinados papéis.

Dirigida ao grupo

A meta é favorecer a interação do grupo. A música, agora, pode ter diferentes sentidos:

a. música homogeneizante, que consegue centralizar a atenção do grupo em um tema;

b. música facilitadora, que acelera o aparecimento do emergente grupal ou da catarse;

c. música inibidora, que diminui a produção maníaca do jogo ou dos atos irracionais.

10. Memória, jogo e dramatização

INTRODUÇÃO

O PRESENTE ITEM REFERE-SE ao processo de aprendizagem, especialmente em crianças na idade pré-escolar. Originou-se em 1957, com base nas observações realizadas em minhas filhas, Diana e Mariana, de 4 e 3 anos, respectivamente, em relação aos contos infantis que lia para elas. O fato que motivou minha curiosidade foi a clara preferência por determinado conto, manifestada por minhas filhas. Interessei-me por conhecer o destino que esse conto teria nelas, bem como as mudanças que sofreria no decorrer do tempo. Assim, realizei uma série de anotações que, posteriormente, utilizei para comparar com outras crianças de idade semelhante (2 a 5 anos).

O que transcrevo, a seguir, são fragmentos selecionados de tais anotações, com o objetivo de que o leitor possa ter uma ideia dessas primeiras observações.

"[...] O conto dos três animaizinhos continua sendo o preferido e devo lê-lo várias vezes durante o dia. Dá a impressão de que se divertem muito com a leitura, principalmente quando exagero e imito as personagens [...]"

"[...] A ênfase, gesticulação e imitação das personagens são fatores determinantes na preferência do leitor, por parte de minhas filhas, ainda que todas as pessoas que leem o conto se prendam ao texto. Dá a impressão de que o conteúdo formal do conto não é o mais importante, mas sim o que sentem, quando lhes é lido, e isso não depende especificamente do texto, porém da maneira como se realiza a leitura [...]"

Um mês:

"[...] Esta noite, aborrecido de repetir o conto, procurei introduzir algumas modificações, mas surpreendi-me ao perceber que não as admitem. Dizem-me que assim não é o conto, e corrigem minhas inovações [...]"

"[...] O texto começou a tomar valor, perdendo força o modo de contá-lo [...]"

"[...] É cada vez mais claro o interesse pelo conto em si e a necessidade de verificar sua estrutura. Não admitem variações nem mudanças. O conto é *assim*, e não de outra maneira [...]"

Dois meses, dez dias:

"[...] Hoje as surpreendi 'lendo-se', elas mesmas, o conto. Quem não soubesse que ainda não sabem ler poderia facilmente se confundir, e crer que liam, quando, na realidade, estavam repetindo de memória o conto. Os pedidos de leitura têm diminuído e parece que tais diligências visam, na realidade, testar seu conhecimento, isto é, verificar se sabem todo o texto [...]"

Três meses:

"[...] O interesse pela leitura do conto decaiu totalmente. Faz dias que não me pedem que o leia [...]"

"[...] Hoje as vi sentadas no chão, brincando com objetos. Cada uma, sozinha ou alternadamente, repetia o conto, movendo os objetos e falando com diferente tom de voz, de acordo com cada personagem. É interessante que não partilhem o jogo do conto e sim seus outros jogos e atividades. A interação desse jogo é semelhante à da leitura, embora com menor frequência [...]"

Quatro meses:

"[...] No jogo do conto, vai-se produzindo uma nova modificação. Diana pediu-me para 'jogar' o conto junto com Mariana, mas não com brinquedos, e sim com nossa participação direta e pessoal. Passa, assim, a distribuir personagens, assumindo, ela mesma, um e iniciando, em seguida, a dramatização do conto. As cenas são interrompidas frequentemente para repetir algumas passagens das mesmas, em particular aquelas que lhes despertam sensações intensas, como, por exemplo, perseguir e ser perseguidas. Essas circunstâncias motivam, além disso, a mudança de personagens para poder experimentar as sensações dos outros. Dessa maneira, foi-se dramatizando todo o conto. Ao cabo de uns 15 dias, deixou de interessá-las, definitivamente, e nunca mais se voltou a falar dele [...]"

A análise e o estudo dessas observações, que, posteriormente, verifiquei com outras crianças, cujas idades oscilavam entre 2 e 5 anos, permitiram-me elaborar um novo enfoque do processo de aprendizagem. Sobre ele, refiro-me a seguir.

COMENTÁRIOS SOBRE AS OBSERVAÇÕES

a. Embora não se mencione, está implícita a importância da relação afetiva prévia, entre o adulto e a criança, para uma eficaz e produtiva coexperiência.

b. A constância na sequência dos fenômenos observados permite uma fácil sistematização.

c. As variações de comportamento, que se vão produzindo nas sequências, assinalam mudanças interiores na relação da criança com a narração.

d. Pode-se considerar um processo evolutivo que:
- parte das primeiras leituras do conto à criança, para o que é necessária a presença do adulto como leitor e ator;
- continua com uma etapa de jogo individual com objetos;
- e culmina com a dramatização e interação com outras das personagens que intervêm no conto.

O PROCESSO DE APRENDIZAGEM

- A seleção do relato, por parte da criança, depende da intensidade das emoções que experimenta em seu contato. Muitas vezes, a criança elege determinado conto guiando-se pelas cores de sua apresentação ou pelos desenhos que vê, e, logo, durante sua leitura, o despreza, porque não desperta nela nenhum tipo de sensação.
- Por outra parte, se considerarmos que as crianças dessa idade (por volta de 2 anos) desconhecem, em grande parte, o significado das palavras utilizadas nos contos[6], podemos deduzir que a focalização de sua atenção se deve à "maneira" como narramos o conto e, portanto, que é o adulto quem condiciona, dessa "maneira", a seleção por parte da criança.
- A "maneira" como é narrado o conto inclui sons, ênfases, pausas, gestos etc. Tudo isso constitui um estímulo global, indiscriminado, para a criança. "Isto é, a criança recebe todo o estímulo que significa a dramatização por parte do adulto e começa, assim também, a aprendizagem ou o exercício de suas possibilidades histriônicas" (Susana Etcheverry).
- A criança, por sua vez, registra *in totum* essa experiência global, emocional, compartilhada e praticamente indiscriminada.

---

6. Quase todos os contos infantis apresentam esse defeito. Para verificá-lo, basta perguntar à criança o significado das palavras dos contos que lemos.

INTRODUÇÃO AO PSICODRAMA

- Esse registro global é o fundo do qual emergirão, posteriormente, as formas e os conteúdos. É como o tom ou a melodia de uma canção dentro da qual ainda está oculta a letra.
- Para a criança, o essencial, nessa etapa, é esse tom, essa melodia que a estimula e nela produz certo tipo de sensações. Sentirá, então, ao ouvir a narração, alegria, temor, curiosidade, medo, surpresa etc. Por outro lado, todas essas sensações permanecem intimamente ligadas com a pessoa que lhe lê o conto.
- A criança gostará tanto mais do conto quanto maiores forem as sensações experimentadas ao escutá-lo.
- A criança aprende, experimentalmente, a relacionar determinado tipo de sensação com certo tipo de estímulo que a desencadeia, de tal maneira que, quando deseja experimentar alguma sensação particular, solicita o estímulo correspondente.
- A repetição do relato permite o registro deste por parte da criança. Sabemos que tal registro foi alcançado porque a resposta emocional da criança diminui e porque sua atenção se desloca para as formas do relato.
- O passo seguinte é o descobrimento de palavras conhecidas dentro do relato. Começam, assim, a destacar-se, do fundo, formas conhecidas, as quais passam a constituir marcas dentro dele. A criança, agora, procura por elas e as espera em cada nova leitura do conto.
- Pouco a pouco, o relato formal, o conto em si, afasta a atenção da criança do estímulo global. Já não lhe interessa tanto quem o leia, mas sim que o leitor repita o texto. Com o descobrimento das formas, a criança descobre a existência de uma estrutura dentro do tom geral do relato. Sua atenção é dirigida, agora, para descobrir tal estrutura. Inicia-se, assim, um processo discriminatório, que permite à criança distinguir o fundo da forma, o tom, ou melodia, da letra.
- O registro do texto determina um período de comparação e verificação, o qual se manifesta pelo pedido de leitura e pela recusa a toda mudança formal por parte do leitor.

- Nesses momentos, existem dois registros, o do fundo, tom ou melodia, e o da forma, letra ou texto.
- A criança, com o registro do duplo traço mnemônico (os dois registros), já está em condições de reconhecer a estrutura do relato, quando lhe é contado novamente. Pode detectar as mudanças introduzidas pelo leitor, mas, por si mesma, não pode lembrá-lo. Dessa maneira, o conto só existe quando o estímulo está presente. É um fenômeno similar ao que nos ocorre quando não recordamos, por exemplo, o nome de uma rua, mas, ao vê-lo escrito, o reconhecemos imediatamente. Nos dois casos, não ocorre a evocação. A incapacidade da criança em recordar determina um tipo de dependência para com o adulto.
- A criança liberta-se da dependência para com o adulto, em relação ao conto, graças à estruturação do que denomino imagem. Essa imagem não é a forma, nem o fundo, nem as sensações experimentadas com tais estímulos em separado, mas a integração e síntese pessoal de todos os elementos participantes. Com a estruturação da imagem, o conto passa a ser uma propriedade da criança. Agora, está em condições de evocá-lo à vontade, sem necessidade da presença do estímulo externo. Corresponde ao período no qual as crianças contam o conto a si mesmas.
- A imagem é um produto psíquico específico para cada indivíduo. Embora as imagens do mesmo conto, em crianças diferentes, sejam parecidas, cada uma delas apresentará particularidades próprias.
- A imagem, como produto psíquico específico, constitui uma propriedade da criança com a qual estabelece uma relação que, posteriormente, lhe servirá como guia para construir seus jogos.
- Para jogar o conto, a imagem deve passar da mente ao ambiente, por meio do corpo:
  - A criança se vê, assim, apta para a busca de movimentos acordes com a imagem e

INTRODUÇÃO AO PSICODRAMA

- a estruturação de atos que conjuguem a imagem com as leis naturais (prova de realidade).
- A prova de realidade, ao introduzir no jogo as leis naturais, esclarece a criança quanto às suas possibilidades e à estrutura do conto. Por exemplo, se no conto há quatro personagens e a criança utiliza somente duas ou três coisas para jogá-lo, descobrirá, experimentalmente, a impossibilidade de fazê-lo pela superposição de funções ou de fatos. Do mesmo modo, ao utilizar o número adequado, desaparecem as dificuldades e o jogo torna-se fácil.
- A criança vai jogar o conto uma e outra vez, incansavelmente, até conseguir reproduzir no ambiente a imagem que tem dele. Denomino imagem real a reprodução fiel no ambiente.
- Entretanto, graças a esse jogar experimental, a criança vai descobrindo as interações e as relações espaciais e temporais entre as personagens do conto. Dessa forma, a imagem real, construída no ambiente, fornece à criança uma nova imagem do conto.
- Uma vez alcançada a reprodução final da imagem do conto, decai a atenção da criança para jogá-lo, dando lugar a um novo interesse: a dramatização.
- A criança, que utilizara coisas para jogar o conto, começa a se interessar por compartilhá-lo com pessoas. Com elas, procura repetir o conto, mas com uma diferença fundamental: delega personagens e deixa uma para si. Já não é ela quem determina tempos, movimentos e situações, porém estes surgem da interação e da aceitação tácita do conhecimento do jogo por parte do outro. A criança sabe que o outro sabe. Ao conhecer a estrutura geral do conto, pode segui-la por meio de qualquer personagem.
- A delegação de personagens é uma clara demonstração do grau de discriminação, alcançado pela criança, entre coisa, pessoa e personagem (papel).
- Com a dramatização, a criança incorpora-se ativamente à estrutura do conto, é uma de suas personagens.

- Em sucessivas dramatizações, mudará de personagem, até esgotar as possibilidades do conto. Dessa maneira, guiando-se pelo registro da nova imagem construída durante o período do jogo, descobre uma nova fonte de experiências: as vivências de cada personagem nas distintas situações do conto. Assim, por exemplo, se durante o período do jogo ocorresse uma situação de perseguição, era a criança que, com uma mão, movia o perseguido e, com outra, o perseguidor. Por outro lado, ao dramatizar a situação, experimentará em si mesma as sensações e emoções das duas personagens. Não é o mesmo jogar a situação persecutória como diretor das ações e protagonizar a perseguição em uma ou outra personagem.

- O interesse por dramatizar decai e, finalmente, a criança abandona o tema.

MEMÓRIA, JOGO E DRAMATIZAÇÃO

Podemos resumir em três etapas o processo de aprendizagem visto antes:

MEMÓRIA

Etapa na qual se produz o registro linear, sucessivo, dos estímulos estruturados, até sua elaboração como imagem, momento em que o relato passa a ser uma propriedade do Eu e a criança pode dispor dele à vontade.

JOGO

Durante essa etapa, a criança descobre a estrutura do conto, ao transformar, com o jogo, o registro linear num registro de superfície, no qual as relações deixam de ser *sucessivas* e passam a ser *simultâneas*.

Esta visão tridimensional e corporal, essencial na aprendizagem, abre à criança toda uma fonte de conhecimentos que ela

INTRODUÇÃO AO PSICODRAMA

pessoalmente vai descobrindo e regulando progressivamente. Nem o adulto nem seus companheiros de jogo lhe são necessários. É uma etapa de concentração e reflexão na qual a criança toma o papel de diretor que faz a colocação em cena do conto de acordo com o roteiro que lhe oferece a imagem que tem dele. Nessa tarefa, tropeçará em dificuldades e encontrará soluções para fazer interatuar suas personagens, até conseguir construir um todo coerente, a imagem real, a partir da imagem de referência.

A descoberta das interações durante o jogo é o descobrimento das formas sociais (por exemplo: perseguidor-perseguido, perseguição). Os conteúdos dessas formas são patrimônio da seguinte etapa.

DRAMATIZAÇÃO

Nessa etapa, a criança abandona o papel de diretor e assume o de protagonista; a direção transforma-se num acordo baseado no conhecimento. Agora, ao dramatizar, vivencia os conteúdos de cada personagem, nas distintas formas sociais descobertas na etapa do jogo. Ademais, descobre o vínculo e a importância da complementariedade dos papéis para gerá-lo. Assim, a criança entra na posse total do conto, podendo dispor à vontade de qualquer de suas partes para repeti-la, jogá-la, dramatizá-la ou aplicá-la a uma nova circunstância, independentemente do conto, que se lhe apresente.

CONSIDERAÇÕES FINAIS

PARA APLICAR A TEORIA vista anteriormente na aprendizagem de crianças maiores, adolescentes e adultos, é suficiente trocar, na etapa de jogo, o jogo físico e concreto com as coisas pelo jogo mental com os traços mnemônicos e as abstrações. Isso ocorre pela própria evolução que experimenta o Eu com o processo de aprendizagem. Com a aprendizagem, a criança não apenas registra estímulos e sensações mas também as relações entre uns e outras e, talvez o mais importante, os modelos dessas relações e suas variantes.

Esses modelos de análise, aprendidos durante a construção das imagens reais na etapa de jogos, substituem, quase totalmente, a necessidade da criança maior, do adolescente e do adulto de dispor de elementos concretos, de coisas, para objetivar suas imagens. Os modelos são utilizados como formas estáveis, nas quais se modificam os conteúdos de acordo com as necessidades que se lhes apresentem. Assim, por exemplo, o modelo de perseguição, que, no conto, é de um cachorro que persegue um gato, toma como forma estável a de um perseguidor e um perseguido. Desse modelo, o Eu conhece as partes como forma (ao havê-lo jogado) e como conteúdo (ao havê-lo dramatizado nos dois papéis). Se, quando adulto, lê uma novela policial, o Eu pode facilmente utilizar o modelo perseguição para compreender e vivenciar os aspectos da novela referentes a tal tema sem ter de recorrer ao jogo com coisas. Esse jogo mental corresponde ao raciocínio.

É desnecessário dizer que a riqueza do Eu dependerá da maior quantidade de traços mnemônicos e modelos que a criança tenha aprendido, e portanto, referindo-nos a nosso exemplo, o Eu pode dispor de vários modelos persecutórios para escolher o mais adequado a cada nova situação. O interesse das novelas policiais e de mistérios depende, em grande parte, da habilidade do autor para impedir que a trama da novela se refira facilmente aos modelos habituais do leitor, os quais lhe permitirão nela penetrar com facilidade.

Para finalizar, quero acrescentar que a falta de modelos determina, ainda no adulto, a necessidade de jogo com coisas, ao defrontar-se com estímulos desconhecidos. De outra forma, recorre a outros modelos que não correspondem à situação atual. Essa incapacidade indica que o indivíduo perdeu a capacidade de aprender e, independentemente da idade, é um velho.

11. Papéis psicossomáticos e núcleo do Eu

Os PAPÉIS PSICOSSOMÁTICOS SÃO aqueles ligados a funções fisiológicas indispensáveis. Fundamentam-se na complementação das Estruturas Genéticas Programadas Internas e Externas (EGPIEs) próprias da espécie, que envolvem tanto os indivíduos quanto seu campo (matriz de identidade). O indivíduo nasce com uma série de necessidades que são satisfeitas, em condições normais, por seu ambiente. O conjunto de necessidades próprias de cada papel e do indivíduo em função desse papel constituem a Estrutura Genética Programada Interna. Por exemplo: necessidade de fomentos de estímulos térmicos, cinéticos, tácteis, sonoros. O conjunto de elementos que o ambiente fornece à criança, em condições determinadas, e satisfaz suas necessidades, constitui a Estrutura Genética Programada Externa. Por exemplo: leite,

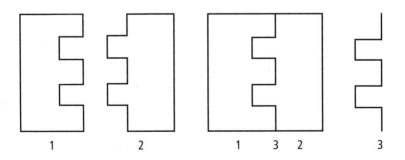

Figura 2 – 1. Estrutura Genética Programada Interna (EGPI). 2. Estrutura Genética Programada Externa (EGPE). 3. Traço Mnemônico (TM).

agasalho, acalanto, carícias etc. Esquematicamente (Figura 2), represento-as por duas figuras que se complementam. O resultado dessa união é um Traço Mnemônico (TM). Nele estão registradas não somente a interação das estruturas genéticas complementares como também a descarga tensional correspondente. Tensão gerada, por sua vez, pela necessidade. As EGPIs são parte do indivíduo; as EGPEs, do ambiente.

As funções fisiológicas indispensáveis, que dão origem aos papéis psicossomáticos, são: a ingestão, a defecação e a micção. Delas se deduzem seus respectivos nomes: papel de ingeridor, papel de defecador, papel de urinador.

Os TMs correspondem, praticamente, aos papéis psicossomáticos. O núcleo do Eu estrutura-se a partir do Si Mesmo Fisiológico (SMF), termo com o qual designo a sensação de existir, que deve possuir o recém-nascido, considerando, ademais, que há uma total confusão quanto ao que, posteriormente, será: mente, corpo e ambiente. Represento-o graficamente por um círculo, se bem que talvez o mais acertado fosse não pôr nenhum tipo de limite, já que o indivíduo carece de limites no momento de nascer (Figura 3).

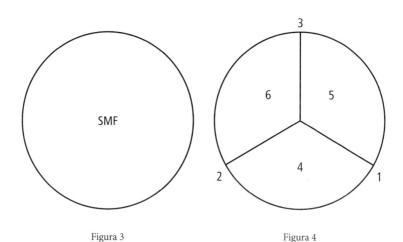

Figura 3   Figura 4

INTRODUÇÃO AO PSICODRAMA

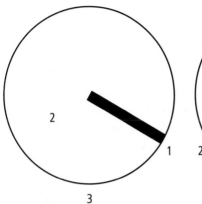
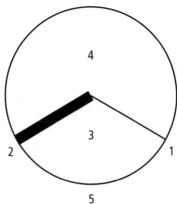

1. Papel de Ingeridor.
2. Si Mesmo Fisiológico.
3. Modelo de Ingeridor.

1. Papel de Ingeridor.
2. Papel de Defecador.
3. Área Ambiente.
4. Si Mesmo Fisiológico.
   Mente e Corpo Confundidos.
5. Modelo de Defecador.

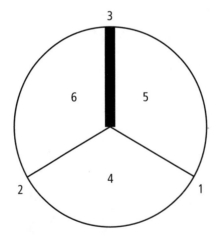

1. Papel de Ingeridor.   4. Área Ambiente.
2. Papel de Defecador.   5. Área Corpo.
3. Papel de Urinador.   6. Área Mente.

Figura 5

O Núcleo do Eu é a estrutura resultante da integração das três áreas: mente, corpo e ambiente, com os três papéis psicossomáticos: ingeridor, defecador, urinador (Figura 4). O papel de ingeridor vai delimitar as áreas corpo-ambiente. O papel de defecador, as áreas ambiente-mente; e o papel de urinador, as áreas mente-corpo (ver Figura 3). Evolutivamente, o papel de ingeridor estrutura-se nos primeiros meses de vida extrauterina; o de defecador, entre os três e os oito meses; e o de urinador, entre os oito e os 24 meses.

A diferente época de estruturação dos papéis psicossomáticos determina modelos psicossomáticos diferentes (Figura 5).

O modelo psicossomático (MP) é mais complexo que o PP, já que inclui não apenas o PP mas também todas as experiências extrapapel que tenham ocorrido durante sua estruturação. Por exemplo, uma operação qualquer, efetuada durante os três primeiros meses de vida, torna-se um patrimônio do MP de ingeridor; se realizada com um ano de idade, incorpora-se ao MP de urinador.

Todos os papéis que, no esquema de papéis (Figura 1, p. 100), esquematizamos como prolongações do Eu têm a mesma fórmula estrutural, correspondente a cada indivíduo, de maneira que, apesar de serem papéis muito diversos, há uma característica comum a todos eles.

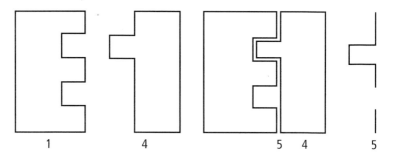

Figura 6 – 1. Estrutura genética programada interna (EGPI). 2. Estrutura genética programada externa (EGPE). 3. Traço mnemônico (TM). 4. Estrutura genética programada externa carenciada. 5. Traço mnemônico poroso ou diatésico.

Voltando aos papéis psicossomáticos e, em particular, à sua estruturação, dizia que ela resultava da complementação das EGPIEs. Em condições normais, essa complementação se realiza e a TM não sofre alterações. Em situações de carência, não se alcança a complementação total (Figura 6) e, portanto, o registro é incompleto, caso no qual a TM é incompleta. Graficamente, represento-o por um hiato, ao qual denomino porosidade ou diátese. A consequência dessa falta de registro é a CONFUSÃO entre as áreas correspondentes (sintoma primário) (Figura 7).

A importância fundamental da estruturação dos papéis psicossomáticos é a progressiva delimitação de áreas que vão produzindo. Essa separação de áreas é justamente o que vai afastar a criança da confusão, do mundo caótico e indiferenciado de que fala Spitz, permitindo a ela incorporar-se numa estrutura social complexa.

No caso de porosidades ou diáteses nos papéis psicossomáticos, os estados confessionais desencadeados geram Mecanismos Reparatórios para sair deles. O Mecanismo Reparatório, por sua vez, estará delimitado pela motivação gerada no acúmulo tensional de uma parte das EGPI carenciadas. Por exemplo: a falta de contato físico, durante a estruturação do PI, desencadeará um acúmulo tensional, em nível cutâneo, o qual motivará a criação de um Mecanismo Reparatório em tal nível (Figura 7).

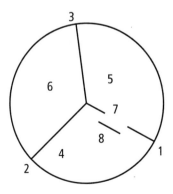

Figura 7 – 1. Papel de ingeridor. 2. Papel de defecador. 3. Papel de urinador. 4. Área ambiente. S. Área corpo. 6. Área mente. 7. Porosidade. 8. Mecanismo reparatório.

12. Construção de imagens

O PROCESSO DE CONSTRUÇÃO de imagens no psicodrama é uma colaboração teórico-prática do autor à etapa da dramatização e à compreensão de sua dinâmica.

Moreno centraliza na dramatização o potencial terapêutico, enfatizando a importância de jogar papéis para obter mudanças interiores substanciais. Assim, por exemplo, tratando-se de um indivíduo com grande submissão ao pai, as dramatizações estarão dirigidas à superação de tal conflito.

Para isso, o protagonista deverá jogar tanto o papel de filho como o de pai, até conseguir, jogando seu próprio papel, modificar o tipo de vínculo mencionado.

O essencial, para Moreno, é a dramatização e, portanto, a vivência e o compromisso total com o papel desempenhado.

Por outro lado, no tratamento desse mesmo exemplo com a técnica de imagens, procede-se da seguinte maneira:

- Pede-se ao protagonista a reprodução de uma *situação real* ocorrida com o seu pai, no cenário, utilizando para tal efeito egos-auxiliares. Essa reprodução fotográfica denomina-se *imagem real*. O protagonista não deve permanecer incluído, nessa etapa, em tal imagem.
- De acordo com as necessidades, o protagonista,
a. juntamente com o diretor e o auditório, procurará compreender a imagem real construída e suas circunstâncias ou

b. passará, por indicação do diretor, a ocupar o lugar das diferentes personagens no jogo, para fazer o solilóquio correspondente a cada uma; ou

c. construirá a imagem prévia ou posterior à situação real estabelecida, até possuir o número suficiente de quadros que lhe permitam esclarecer, por meio da sequência, a dinâmica dos fatos e, portanto, seus mútuos condicionamentos.

- Elaboração, com o grupo, das imagens construídas no cenário.
- Dramatização, partindo de alguma imagem real, para verificar as possíveis mudanças de estratégia do protagonista, baseadas no conhecimento adquirido, ou para levá-lo a vivenciar alguma circunstância em particular.
- Pede-se ao protagonista que construa uma nova imagem que simbolize o colocado na imagem real. É a *imagem simbólica*. Sua utilidade é variável e múltipla, pois permite observar, de um lado,

a. a capacidade de simbolização do protagonista, e, por outro lado;

b. os elementos que seleciona da imagem real para construir a imagem simbólica. Dessa maneira, o protagonista põe em evidência quais são, para ele, os elementos mais significativos do fato proposto.

A ordem mencionada pode ser alterada e começar, por exemplo, pela construção de uma imagem simbólica, para logo passar à construção da imagem real.

Desse modo, partindo de uma dramatização, pode-se incluir a técnica de construção de imagens para facilitar a compreensão e a elaboração dos fatos.

Para terminar, a imagem real permite ao protagonista o confronto de sua imagem interna com a imagem externa construída e suas mútuas influências. Suas possibilidades terapêuticas estão em relação com a visão estrutural que o protagonista adquire dos

INTRODUÇÃO AO PSICODRAMA

fatos e a compreensão de sua dinâmica. Como técnica, é utilizada quando se deseja que o protagonista tenha uma visão estrutural dos fatos, a qual facilite sua compreensão e entendimento. É, pois, uma técnica dirigida ao intelecto, ao passo que a dramatização tem por objetivo obter determinada vivência.

13. História do psicodrama

O DISCUTIDO CRIADOR DO psicodrama, Jacob Levy Moreno, nasceu a 19 de maio de 1892, a bordo de um navio que fazia a travessia do Bósforo ao porto de Constança. Aos 5 anos, sua família radicou-se em Viena, cidade onde Moreno fez seus estudos.

Em 1912, sendo interno da Clínica Psiquiátrica de Viena, no "serviço" do professor Otto Pötzl, teve um breve encontro com Freud. Em 1913 e 1914, participou de uma experiência de readaptação de prostitutas, trabalho feito em pequenos grupos. Durante os anos de 1915 a 1917 teve a seu cargo a assistência dos refugiados tiroleses no campo de Mittendorf, próximo de Viena. As enormes tensões psicológicas que reconheceu nesse ambiente levaram-no a conceber as primeiras ideias sobre as estruturas e a geografia psicológica do grupo e sobre as mútuas influências terapêuticas exercidas por seus membros. Nesse último ano (1917), Moreno formou-se em Medicina.

Durante os anos de 1918 e 1919, foi redator da revista *Der Neue Dämon*, na qual colaboraram Kafka, Martin Buber, Franz Werfel, Arthur Schnitzler, Jakob Wasserman, Francis James, Max Scheller e outros.

Antes de prosseguir, voltemos no tempo para verificar a ligação das origens do psicodrama com a história pessoal de seu criador.

Moreno considera que as experiências originárias do psicodrama foram quatro e que se entrelaçaram ao longo do tempo até a cristalização em uma técnica psicoterápica. Essas experiências são:

A BRINCADEIRA DE SER DEUS

Quando Moreno tinha 4 anos e meio, aproveitando a ausência dos pais, improvisou com outros companheiros a brincadeira de ser Deus. Para tanto, construíram sobre a mesa um céu com cadeiras amontoadas, de maneira que chegassem até o teto. Moreno assumiu o papel de Deus e seus amigos fizeram o papel de anjos. Para ocupar o trono, Moreno teve de subir até o alto da pilha de cadeiras, enquanto os outros meninos o sustinham. Uma vez em cima, o pequeno Moreno viveu tanto seu papel que, quando lhe pediram que voasse, ele o tentou, lançando-se ao ar e fraturando o braço direito em consequência da queda.

A REVOLUÇÃO NOS JARDINS DE VIENA

Deu-se durante os anos de 1908 a 1911. Moreno assim denominou esse período no qual se dedicou a realizar improvisações com grupos de crianças, pelo sentido que dava a essas reuniões: instigava as crianças a se rebelar contra o mundo estereotipado dos adultos e a criar normas e regras para uma sociedade infantil adequada a suas necessidades e respeitada pelos maiores.

A DRAMATIZAÇÃO REALIZADA EM 1º DE ABRIL DE 1921

Essa data foi considerada a do nascimento oficial do psicodrama. A dramatização em questão foi realizada no Komödien Haus de Viena, dirigida por Moreno ante um público numeroso, e tendo como único cenário um trono vermelho e uma coroa dourada que deveria ser usada pelos protagonistas que fizessem o papel de rei.

A senha era: o que faria cada um dos protagonistas no papel de rei para organizar e dirigir corretamente o país? O público faria o papel de jurado.

INTRODUÇÃO AO PSICODRAMA

Dos que se apresentaram nenhum foi aprovado. Esse acontecimento criou para Moreno uma situação delicada em Viena.

O CASO BÁRBARA

BÁRBARA ERA UMA JOVEM atriz do Teatro da Espontaneidade, fundado por Moreno em 1921, que, após esse caso, transformou-se em Teatro Terapêutico, em 1923.

Bárbara distinguia-se por sua habilidade em caracterizar papéis românticos e ingênuos, e o público a identificava com esses papéis. Dentre seus admiradores, surgiu um poeta, Jorge, que assistia, todas as noites, às suas improvisações. Ela se interessou por ele, e surgiu um romance que culminou em casamento. Poucas semanas depois, Jorge consultou Moreno a respeito de Bárbara. Disse-lhe que na intimidade ela era o contrário do que parecia no cenário: comportava-se grosseiramente, sua linguagem era baixa, não admitia respostas e, se as recebia, recorria à agressão física.

Moreno iniciou, então, um plano que iria executar por meio das dramatizações. Em primeiro lugar, induziu a moça a representar outros papéis que lhe permitissem mostrar no cenário aspectos de sua vida íntima. Ao mesmo tempo, os resultados eram avaliados pela confrontação com as informações de Jorge. Observou-se, então, que seus acessos de ira e sua conduta patológica iam sendo modificados à medida que o "tratamento" caminhava. A seguir, Jorge passou de espectador a ator e, junto com Bárbara, representou cenas de sua vida familiar. Finalmente a atenção centrou-se sobre suas respectivas famílias, histórias pessoais e planos futuros, completando, assim, a visão global do casal.

As notáveis mudanças obtidas com esse procedimento, somadas às experiências anteriores, deram origem ao psicodrama como técnica terapêutica. Por outro lado, nesse mesmo ano (1923), Moreno publicou seu livro *Das Stegreiftheater*, no qual já são encontradas as ideias precursoras da sociometria, da psicoterapia de grupo e do psicodrama.

Chegamos ao ano de 1925, no qual Moreno decide emigrar para os Estados Unidos, onde suas teorias revolucionárias encontram melhor acolhida. Moreno diz, a esse respeito, que uma psicologia da ação é mais afim aos americanos, que são um povo com uma longa história de pioneiros e uma filosofia pragmática que favorece as ideias motoras.

Em 1928, realizou a primeira experiência psicodramática na América e, de 1929 a 1931, dirigiu sessões de psicodrama público três vezes por semana no Carnegie Hall.

Ao mesmo tempo, suas ideias sobre dinâmica de grupo tomam corpo e criam o termo, hoje tão difundido, "psicoterapia de grupo". O resultado de suas investigações e estudos sobre a psicoterapia de grupo foram apresentados posteriormente na American Psychiatric Association, inicialmente em Toronto, Canadá, a 5 de junho de 1931, e depois na Filadélfia, a 31 de maio de 1932.

Em 1931, Moreno publica a primeira revista relacionada com terapia de grupo, *Impromptu*, de curta duração.

Em 1932, realizou um profundo estudo da comunidade de Hudson, constituída de jovens delinquentes. Nesse trabalho lança as bases da sociometria científica e da representação gráfica de suas inter-relações, o sociodrama. Esse estudo foi incluído no livro *Fundamentos da Sociometria* (título original *Who shall survive?*), que publicou em 1934.

Como vemos, a atenção de Moreno centrou-se, nesses anos, na psicoterapia de grupo e na sociometria, disciplinas que se desenvolveram dentro da estrutura da psiquiatria e das ciências sociais. Devemos notar que em 1936, em virtude da intervenção psicanalítica, produzem-se duas correntes no campo da psicoterapia de grupo: a socioanalítica (a original) e a psicanalítica.

Nesse mesmo ano, Moreno constrói em Beacon o primeiro teatro terapêutico, em torno do qual centraliza uma clínica psiquiátrica e um instituto formativo.

INTRODUÇÃO AO PSICODRAMA

No ano seguinte, funda a revista *Sociometry* e incorpora-se, de início, à Columbia University e, mais tarde, à New York University. Em 1941, levanta-se o primeiro de uma longa série de teatros terapêuticos em ambiente hospitalar. Isso ocorre no St. Elizabeth's Hospital de Washington.

Em 1942, cria, no seio do Instituto de Sociometria de Nova York, a primeira associação que agrupa psicoterapeutas de grupo – The American Society of Group Psychotherapy and Psychodrama – e funda o Moreno Institute em Nova York. No ano seguinte, a Sociedade publica seu próprio boletim.

Em 1947, inicia a publicação da primeira revista sobre psicoterapia de grupo, que, inicialmente, se chamou *Sociatry* e atualmente se denomina *Group Psychotherapy*.

O ano de 1950 é importante para a história do psicodrama, pois é quando é feita a intervenção psicanalítica na França, a qual dá origem ao psicodrama psicanalítico.

Em 1951, Moreno publica o *International Journal of Group Psychotherapy*, obtém uma seção sobre psicoterapia de grupo na *American Psychiatric Association* e constitui, em Paris, o International Committee on Groups Psychotherapy, o qual promove diversos congressos sobre psicoterapia de grupo. O primeiro realizou-se em Toronto, Canadá (1954), o segundo em Zurique (1957) e o terceiro em Milão (1963).

Em 1958, o International Committee expande-se e toma o nome de International Council of Group Psychotherapy. É presidido por J. L. Moreno; S. H. Foulkes é o primeiro vice-presidente, Serge Lebovici o segundo vice-presidente, e A. Friedman é tesoureiro e secretário.

A 3 de junho de 1964, é reconhecida oficialmente a Moreno Academy, World Center for Psychodrama, Group Psychotherapy and Sociometry, entidade que patrocina a realização do I Congresso Internacional de Psicodrama, em Paris (1964), do segundo, em Barcelona (1966), do terceiro, em Praga, que se traslada a Baden (1968), do quarto, em Buenos Aires (1969), do quinto, em São Paulo (1970), e do sexto, em Amsterdã (1971). O sétimo congresso, efetuado em Tóquio (1972), não conta com o apoio do World Center nem de Moreno, marcando o auge de um conflito entre Moreno e quatro ex-presidentes de congressos: A. A. Schützenberger, F. Knobloch, A. Correia Soeiro e J. G. Rojas--Bermúdez. Eles, junto com o presidente do VII Congresso, professor K. Matsumura, constituem o Comitê de Promotores da Federação Internacional de Psicodrama e Sociodrama e firmam o seguinte

ACORDO

O VII Congresso Internacional de Psicodrama e Sociodrama ocorreu em Tóquio, de 29 de março a 4 de abril de 1972.

Durante seu transcurso, realizou-se a primeira reunião do comitê de promotores e criou-se formalmente o Comitê de Promotores da Federação Internacional de Psicodrama e Sociodrama. Esses primeiros promotores, que estiveram presentes no congresso, concordaram no seguinte:

1. *Nome:* Primeiros Promotores para a Fundação da Federação Internacional de Psicodrama e Sociodrama.

2. *Membros Promotores:*
   F. Knobloch
   K. Matsumura
   J. G. Rojas-Bermúdez
   A. A. Schützenberger
   A. C. Soeiro

   para incluir
   D. Elefthery (presidente do VI Congresso)
   R. Sarró (presidente do II Congresso)
   P. Sivadon (presidente do I Congresso)

INTRODUÇÃO AO PSICODRAMA

3. *Prazo de fundação:* Três ou quatro meses, a partir de 5 de abril de 1972.

4. *Fundadores da Federação:*
a. Primeiros Promotores.
b. Delegados de Associações de Psicodrama e Sociodrama, que respondam a nosso convite antes de 4 de julho de 1972.

5. O Comitê Executivo será formado pelos membros dos Primeiros Promotores e Delegados votados pelas associações membros da Federação Internacional.

6. As *decisões* serão tomadas mediante votação, com a aprovação de 2/3 dos membros.

7. *Princípios e Objetivos:*
a. Integrar todos os psicodramatistas, de diferentes escolas, numa estrutura democrática.
b. Prover um foro para o livre intercâmbio de ideias e opiniões.
c. Organizar o Congresso Internacional.

8. *Membros Novos:* Antes da aceitação de novos membros, é necessário consultar todos os membros do Comitê Executivo e proceder à respectiva votação.

9. *Delegados:* Todas as associações membros da Federação Internacional terão um Delegado.

10. *Secretaria:*
a. Em Tóquio, até a fundação da Federação Internacional, a sra. Utako Kitahara.
b. Em Paris, até o VIII Congresso Internacional de Psicodrama e Sociodrama. Data: 1973-1974. Lugar: Alemanha ou França, sra. A. A. Schützenberger.

c. Em Buenos Aires, a partir do VIII Congresso Internacional de Psicodrama e Sociodrama. Lugar: Argentina, dr. Jaime G. Rojas-Bermúdez.

d. Provavelmente, na América do Norte, para o X Congresso.

O professor dr. J. L. Moreno, criador do Psicodrama, será respeitado e considerado como tal na Federação Internacional e será convidado pelo Comitê Executivo a ser Presidente Honorário desta Federação.

Mrs. Utako Kitahara
Secretária-Geral

A 2 de abril de 1973, funda-se a Federação Latino-Americana de Psicodrama em Buenos Aires, nomeando-se como sede a Associação Argentina de Psicodrama e Psicoterapia de grupo, e, como Secretário-Geral, o dr. Jaime G. Rojas-Bermúdez.

São:

MEMBROS FUNDADORES

ELVIRA ALBA
Salta

RUTH TARQUINI
Mendoza

ELENA BOGLIANO DE PODESTA
La Plata

ALFREDO CORREIA SOEIRO
São Paulo

ANA DI VECI
Tucumán

PEDRO LEÓN MONTALBÁN
Lima

LAÍS MACHADO GONÇALVES
São Paulo

ELSA DE NEWELL
Córdova

CARLOS QUINTANA
Buenos Aires

JAIME G. ROJAS-BERMÚDEZ
Buenos Aires

CARLOS ALBERTO SEGUIN
Lima

ÁLVARO VILLAR GAVIRIA
Bogotá

GRUPOS FUNDADORES FEDERADOS

Associação Argentina de Psicodrama e Psicoterapia de Grupo
Buenos Aires

Associação de Psicodrama e Psicoterapia de Grupo
La Plata

Grupo de Estudos de Psicodrama
Córdova

Grupo de Estudos de Psicodrama de
Mendoza

1º Grupo de Estudos de Psicodrama do Noroeste Argentino
Tucumán

Grupo de Estudos de Psicodrama
Salto

Associação Brasileira de Psicodrama e Sociodrama
São Paulo

Instituto Peruano de Estudos Psiquiátrico-Sociais
Lima

Associação Peruana de Psicodrama
Lima

A 14 de maio de 1974, J. L. Moreno falece em Beacon, Nova York, sem ter podido realizar um Congresso Internacional de Psicodrama em seu país de residência.

Post-scriptum

CONHECI JACOB LEVY MORENO em Nova York, em começos de 1926, quando fui a uma demonstração de psicodrama público. Estava sentado numa poltrona de couro com braços; olhou-me displicentemente e informou-me que deveria pagar três dólares para assistir ao psicodrama. Esperei de pé, observando as paredes vazias, até dar com um mostruário, que oferecia algumas das obras de Moreno. Instantes depois, surgiu uma senhora, que trazia como adorno duas peles de raposa prateadas, tinha aparência juvenil e um tique nervoso facial. Senta-se, recebe o valor da entrada e manda-me esperar, porque ainda não há público. Logo percebo que lhe falta o braço direito: é Zerka Toeman, a mulher de Moreno. Com a chegada de mais oito pessoas, passamos ao salão interno. Neste, há um cenário com estrados, sobre o qual estão quatro cadeiras e uma mesa. Em poucos minutos entram Moreno e Zerka. Ele caminha à frente, com movimentos lentos e pesados, e olha para todos. Apresenta-se e apresenta sua mulher. Pede que nos apresentemos. Ao dizer-lhe que venho da Argentina e faço psicodrama, surpreende-se e interessa-se por mim. À saída me espera, faz-me perguntas bastante concretas em relação à minha atividade profissional e me convida para o próximo psicodrama público.

Volto na semana seguinte. Ao saudá-lo, não me reconhece nem se lembra de mim. Julga que venho com um grupo "Misterix". Esses grupos, tipicamente norte-americanos, são formados por casais que delegam a um deles a organização das atividades sociais do fim de semana. Durante o psicodrama, Moreno procura ironizá-los. Ao sair, aproximo-me dele e lhe recordo quem sou. Entusiasma-se, levanta com veemência o braço direito, conta-me sua estadia na Rússia e a proposta de um psicodrama em nível mundial, televisionado, para que todos possam ver as propostas dos mandatários a partir de seus próprios papéis e, logo, com a técnica de inversão de papéis, a partir do papel do outro. Não saio de minha admiração.

Sua esposa se aproxima e informa que seu marido é um gênio. Julgo estar assistindo a uma demonstração prática das técnicas de choque, tão mencionadas por Moreno. Tudo é tão inesperado que se torna atrativo.

Na outra semana, volto com um casal amigo: ela é uma bailarina argentina, de particular beleza; ele, um escultor norte-americano. Moreno entusiasma-se com nossa chegada; já existo para ele, sou o dr. Bermúdez. Elabora planos para meu futuro; minhas objeções não lhe interessam. A conversação atinge limites insuspeitáveis; para que prossiga, é necessário aceitar o mundo fantástico que nos oferece e, uma vez nele, desempenhar, como podemos, os papéis psicodramáticos correspondentes. Finalmente, oferece-me uma bolsa de estudo para que volte no próximo ano.

Retorno em 1963, junto com dois argentinos. Vamos residir em Beacon, ao lado de Moreno, o pai do psicodrama. As expectativas são múltiplas e inquietantes. Chegamos à avenida Wolcott, 259. Tudo está recoberto pela neve e a temperatura a vários graus abaixo de zero. Divisam-se três casas. Paramos na primeira, a qual está fechada, e talvez o esteja há muito tempo. Retomamos o automóvel e seguimos até a segunda. Ninguém nos atende, mas a porta está aberta e decidimos entrar. É uma espécie de subsolo. Subimos por uma escada estreita, onde uma possível enfermeira nos recebe e indica nossos alojamentos. Ao passar por uma porta hermeticamente fechada, com uma janela pequena com grades, vemos um paciente estirado no solo. A enfermeira informa-nos

INTRODUÇÃO AO PSICODRAMA

que é Joe e que somos os únicos na casa. Sem encontrar o que fazer, damos voltas, até descobrir o Teatro Terapêutico, já conhecido por fotografias. A um lado, veem-se dois colchões sobre o solo. Ao abrir uma porta atrás do cenário, tropeçamos em um pandemônio de fitas de gravador revoltas e inutilizadas. De regresso a nossos alojamentos, conhecemos o administrador.

Essa noite, após o jantar, vamos à terceira casa, habitada pelos Moreno; entramos pela porta dos fundos e temos de tirar os sapatos, úmidos pela neve. Há uma conversação informal, da qual também participa uma paciente esquizofrênica. Informam-nos sobre a atividade do próximo dia e repartem algumas separatas de artigos do Doutor, para que leiamos. Voltamos para descansar.

As aulas, que, na realidade, são aprendizagem de papéis e/ou psicodrama, estão a cargo, quase sempre, de Zerka. Outras vezes, quem dirige é o administrador ou um ator que vem de Nova York.

À noite, reunimo-nos com Moreno para discutir algum tema e, às vezes, para dramatizar. Depois, vamos à taberna mais próxima para tomar cerveja e jogar boliche, sempre com o administrador. Após alguns dias, compreendemos que era o Observador Subjetivo Objetivado.

Ao terminar a semana, um de meus companheiros decide partir. Continuo por mais duas semanas, durante as quais dirijo psicodrama público em Nova York, uma sessão com Jonathan, o filho dos Moreno, como protagonista, e se projeta um psicodrama com LSD por indicação do Doutor.

Finda nossa estadia, Moreno nos examina e me concede o título de Diretor de Psicodrama. Em meu regresso à Argentina, fundo a Associação Argentina de Psicodrama e Psicoterapia de Grupo (1º de abril de 1963).

No ano seguinte, encontro-me na lista de diretores de psicodrama, promovidos em Beacon, para dirigir no Teatro Permanente do I Congresso Internacional de Psicodrama, a realizar-se em Paris (1964). Ali, pude apreciar diretamente a situação do psicodrama nos países desenvolvidos. Ainda recordo vivamente o impacto que me produziu o ingresso de várias bailarinas com malha negra no anfiteatro da aula de anatomia da Faculdade de Medicina, bem como a babel teórica das mesas-redondas e a falta de sistematização no ensino do psicodrama. A minoria dos assistentes era de médicos e a maioria provinha de outras áreas de trabalho, muito diferentes.

Indubitavelmente, o campo era propício para adentrar em sua investigação e ulterior sistematização. As variadas contribuições, dos mais diversos campos, indicavam a ductilidade do instrumento psicodrama, o qual estava sendo utilizado como um recurso técnico para outros enfoques teóricos. Por outro lado, sua aplicação indiscriminada, por indivíduos sem formação adequada, levava muitos a confundir, por exemplo, os exercícios de improvisação teatrais com o psicodrama.

Ao considerá-lo essencialmente terapêutico, decidi que minha tarefa, em princípio, estaria dirigida a atingir esse enfoque e a conferir-lhe um corpo teórico congruente com sua metodologia. Assim, comecei a trabalhar em duas linhas: uma clínica, de investigação, com psicóticos crônicos deteriorados; e outra teórica, de elaboração e sistematização da obra de Moreno. Nasceu, assim, a *Introdução ao psicodrama* (1966), em que procurei tornar acessível ao leitor a obra *Psicodrama*, de Moreno (1961), e apresentar alguns conceitos e contribuições pessoais.

Ao mesmo tempo, fundei a revista *Cadernos de Psicoterapia*, cuja edição continua até a presente data. Seu primeiro número é prologado por Moreno, que enfatiza meu papel de introdutor do psicodrama e da psicoterapia de grupo na América Latina.

Do ponto de vista internacional, organizei o Instituto de Psicodrama e Psicoterapia de Grupo, dentro da Associação Argentina, seguindo o modelo da Associação Psicanalítica Argentina. De acordo com ele, os títulos de Psicodramatistas dependerão do Instituto como organismo docente da Associação.

Passam-se dois anos, e as atividades realizadas, tanto teóricas como práticas, têm sido frutíferas. Vou ao II Congresso

Internacional de Psicodrama, celebrado em Barcelona, com uma preparação sólida e uma série de descobrimentos em relação ao tratamento de psicóticos crônicos deteriorados. O filme que apresento sobre *Títeres e psicodrama* é muito bem recebido, mas o que me confere êxito no congresso é o psicodrama público. Por isso, abrem-se, para mim, as portas da América Latina. Sou convidado por Pedro León Montalbán, junto com Lawrence C. Kolb, Robert G. Campbell e J. Torres Orrego, a ministrar um curso de pós-graduação em Lima, Peru. Logo, em São Paulo, Brasil, durante o V Congresso Latino-Americano de Psicoterapia de Grupo (1967), entro em contato com alguns dos participantes do Congresso de Barcelona e efetuo um psicodrama público que desperta o entusiasmo suficiente para fundar, posteriormente, o Grupo de Estudos de Psicodrama de São Paulo (fevereiro de 1968).

Nesse mesmo ano, o III Congresso Internacional de Psicodrama, a realizar-se em Praga, Checoslováquia, deve ser transferido, imprevistamente, para Baden, Áustria. Os problemas econômicos e de organização que essa circunstância desencadeia fazem que as conveniências das entidades organizadoras se conheçam. Há sérios problemas entre o presidente do congresso, dr. Knobloch, e a delegada francesa, Anne Ancelin Schützenberger, com a tesouraria organizada em Beacon. Isso é explicitado após o congresso, por Anne Ancelin, em uma circular muito difundida.

Essas circunstâncias e conselhos de pessoas próximas aos Moreno forçam-me a fixar uma única tesouraria para o congresso a realizar-se em Buenos Aires (1969). Apesar de não receber nenhuma ajuda econômica por parte do World Center for Psychodrama Group Psychotherapy and Sociometry, o IV Congresso Internacional de Psicodrama e Sociodrama é um sucesso do ponto de vista científico e econômico. Reúne mais de 1,8 mil participantes na Faculdade de Medicina da Universidade Nacional de Buenos Aires, e J. L. Moreno é nomeado Convidado de Honra.

A 27 de agosto de 1969, Moreno, entusiasmado, pronuncia o seguinte discurso de despedida:

AS PALAVRAS DO PAI

"Amigos:

Prefiro pôr-me de pé para poder contemplá-los. É para mim uma profunda honra estar aqui, nesta oportunidade, com nosso amigo, o dr. Rojas-Bermúdez, que tanto fez para preparar o caminho.

Penso que já os conheço, que conheço a cada um de vocês individualmente; hoje, não necessito do dr. Rojas-Bermúdez; cada um de vocês é um Rojas-Bermúdez.

Há um livro que vamos publicar, agora, em castelhano. O nome do livro é: *As palavras do pai*. Que significa esse livro para vocês e para mim? O que o pai deseja de nós?

As palavras do pai oferecem um compromisso; do que o mundo necessita na atualidade é unidade; se não existe unidade no cosmos, se não existe humanidade, se nos dividimos em fragmentos, em pedaços, não há esperança para a humanidade, o homem não vai sobreviver. Para unir a humanidade, temos de começar hoje, aqui em Buenos Aires. Vocês devem iniciar. A família, irmãos e irmãs, aqueles que se amam, cada pequeno grupo, porque as revoluções não nos têm ajudado. Houve uma revolução americana, russa, francesa, chinesa e cubana. E a que chegamos? A nada. Temos de fazer algo entre nós, temos de fazê-lo com um método e em pequenos grupos. Vocês e eu, vocês, vocês são os que têm de continuar.

Chegamos à Lua, chegaremos a Vênus, Marte, conquistaremos todo o Universo físico, mas estaremos nas mesmas pobres condições atuais; o mundo físico está vazio, perderemos nossa alma.

Amigos, estas são as palavras do pai, este é o compromisso com a humanidade; é preciso criar uma verdadeira família humana.

INTRODUÇÃO AO PSICODRAMA

As palavras do pai são: *Eu criei vocês, vocês devem continuar criando, criando-se a si mesmos, têm de trabalhar para uma forma final de humanidade, para a paz, porque falta criatividade e não pode haver criatividade se matam-se uns aos outros. Deixo a vocês, a meu filho Rojas-Bermúdez, a meu filho Moreno, à minha filha Zerka, deixo a vocês o psicodrama, a dinâmica de grupos, a sociometria, a psicoterapia de grupo. Mas falta a vocês que vivam tudo isso; não o deixem em livros mortos; têm de vivê-lo para chegar a uma solução.* As palavras do pai seguem o Velho e o Novo Testamento, são um testamento de nossa época.

Nunca se procurou trabalhar de baixo para cima. Karl Marx foi um grande pensador, mas quis trabalhar com as grandes massas e esqueceu-se dos pequenos grupos, das pessoas, e esses pequenos grupos não tinham pais, não tinham mães, não tinham seu próprio eu e permaneceram passivos, esperando Hitler, esperando Mussolini. Nós não precisamos deles, cada um tem de começar por si mesmo, cada um de nós com nossos pequenos mundos, porque é nesses pequenos mundos que existe espontaneidade.

Marx foi um homem enfermo, não pôde fazer nada por si mesmo, morreu enfermo do fígado, perdido em seus pensamentos, indefeso. Hitler suicidou-se, matou sua amante. Que aconteceu? Nada, muito ruído, demasiado ruído.

Vivemos num mundo desesperado, todos estão desesperados, todos vivemos esperando o instante da morte; posso ver aqui cadáveres, muitos cadáveres, dentro de 50 a 60 anos, de modo que é necessário viver, agora, num mundo nosso, e não esperar.

Seguramente, vocês dirão que já têm ouvido palavras; é certo, têm existido muitos homens sábios; Buda, Cristo o foram. São palavras sábias, mas a sabedoria não é suficiente, falta a ação.

As palavras do pai não dizem nada de novo, mas algo que vocês já conhecem internamente em seus corações e sabem que é certo.

Penso, com muita certeza, que devemos começar aqui em Buenos Aires. A América Latina compreende muitos países: Brasil, Venezuela, Colômbia, Paraguai, Uruguai. Realizemos, então, um congresso, cada ano, na América Latina. Um congresso não de palavras, mas de ações, um congresso para aprender a viver, porque o psicodrama é um método que nos ensina a viver, a todos, aos médicos, aos esposos, às esposas, aos eletricistas, às datilógrafas. Para aprender a viver, e por esse motivo decidimos que nosso próximo congresso terá lugar no Brasil, na cidade de São Paulo, no próximo ano. Salve o Brasil, salve!

Esta é minha esposa, Zerka; ela e eu somos sócios, viajamos pelo mundo difundindo as palavras do pai porque entendemos que se pode fazer algo agora, em nosso tempo, algo que podemos fazer, vocês e eu, algo para nosso mundo, para o que não necessitamos de ditadores, não necessitamos de filósofos.

As palavras do pai não constituem uma obra mística, mas algo relacionado com fatos, algo atual, operacional, útil, se se utiliza; de modo que abro meus braços para o Brasil, onde estaremos no próximo ano, abro meus braços a São Paulo, ao Rio, a todo o Brasil e, também, a toda a América Latina; vamos encontrar-nos, como hoje, aqui, me encontro com vocês, coração a coração.

Um encontro de dois: olho a olho, cara a cara,
e, quando estiver perto, arrancarei teus olhos e
os colocarei no lugar dos meus;
e tu arrancarás meus olhos
e os colocarás no lugar dos teus;
então, olhar-te-ei com teus olhos
e tu me olharás com os meus.

Nessa mesma noite, vêm jantar em minha casa os delegados estrangeiros, junto com os Moreno. Num clima de grande harmonia, decide-se realizar em São Paulo o V Congresso Internacional de Psicodrama e Sociodrama. Obviamente, o Presidente Honorário será Moreno, que nomeia os vice--presidentes honorários: em primeiro lugar, a J. G. Rojas--Bermúdez; em segundo, a Zerka T. Moreno.

Por sugestão minha, decide-se, também, realizar o I Congresso Internacional de Comunidade Terapêutica e oferecer a Presidência Honorária deste a Maxwell Jones, em um total acordo. A partir disso, iniciam-se a organização e promoção dos congressos, sob as diretivas do futuro Presidente dos mesmos: Alfredo Correia Soeiro. Falo com Maxwell Jones, e está de acordo.

No final do mesmo ano, viajam para Beacon alguns alunos da Associação Argentina de Psicodrama e Psicoterapia de Grupo.

Ao regressar, organizam alguns Institutos de Psicodrama, na dependência direta de Beacon, usando seus nomes e distintivos como identificação, sem comunicação alguma com a Associação. Eu desconhecia essas circunstâncias, pois recentemente se fizeram públicas, após o Congresso de São Paulo (1970); por esse motivo, essas pessoas continuaram pertencendo à Associação e, algumas, à equipe formativa, que viajava a São Paulo regularmente, dado o crescimento numérico alcançado por tal grupo (GEPSP).

Paralelamente, a 5 de março de 1970, recebo uma carta de Moreno, na qual se opõe a que Maxwell Jones seja Presidente do Congresso sobre Comunidade Terapêutica, contradizendo o decidido e confirmado na carta de 22 de dezembro de 1969. Nego-me decididamente a aceitar tal despropósito. Logo, o silêncio. Dias antes do V Congresso, comunicam-me de São Paulo que Moreno não assistirá a este. Envio-lhe o seguinte cabograma:

(N.º 3120. The Western Teleghaph Co. Ltd.)
14, agosto, 1970
Dr. J. L. Moreno
259 Wolcott Avenue, Beacon, N.Y.
Sua ausência ao Congresso pode causar divisões irreparáveis pt Rogo meça a transcendência de sua decisão pt Espero vê-lo em São Paulo próximo sábado pt Cordialmente
Rojas-Bermúdez

JAIME G. ROJAS-BERMÚDEZ

Apesar disso, Moreno não comparece. Entretanto, cumprem-se os compromissos contraídos: Maxwell Jones mantém-se como Presidente Honorário do I Congresso Internacional de Comunidade Terapêutica; o V Congresso realiza-se, presidido por Alfredo Correia Soeiro, com cerca de 2,3 mil participantes, e faz-se a entrega pública e formal de diplomas aos seis primeiros formandos do Brasil, em nome do Instituto de Psicodrama e Psicoterapia de Grupo, que tem a seu cargo a formação psicodramática da Associação Argentina de Psicodrama e Psicoterapia de Grupo: Psic. Íris Soares de Azevedo e drs. Alfredo Correia Soeiro, José Manoel D'Alessandro, Pedro P. Uzeda Moreira, Laércio Lopes e Antônio Cesarino. Com essa primeira promoção de formandos, alcança projeção em nível internacional o enfoque psicodramático elaborado na Associação Argentina. Concretizamos, assim, uma significativa maturidade em nível científico. Em nível de decisão, já não se pode aceitar a dependência absoluta, e sim diálogo, esperada por Beacon.

Contudo, Moreno não aceita nossa autonomia e maturidade. Com sua atitude imperialista, consegue movimentar uma traição a pessoas que se encontravam comprometidas comigo, científica e afetivamente, em uma tarefa comum. São aquelas pessoas que viajaram a Beacon. As motivações em questão são a capitalização do êxito do V Congresso Internacional de Psicodrama e suas implicações econômicas. O grupo afetado pela crise é o de São Paulo. O sofrimento pela índole da traição e pelas pessoas envolvidas torna-se meu.

Ao VI Congresso Internacional de Amsterdã não sou convidado. Pelo contrário, ao VII Congresso Internacional, a realizar-se em Tóquio, sou especialmente convidado e integro o Comitê de Honra. Os programas são impressos e distribuídos na Ásia, América e Europa. Nessa ocasião, Moreno condiciona sua assistência e apoio por parte do World Center à eliminação de quatro membros do Comitê de Honra, três ex-presidentes de congressos, Ferdinand Knoblock (III), J. G. Rojas-Bermúdez (IV) e

Alfredo Correia Soeiro (V), e Anne Ancelin Schützenberger. Procura realizar com Kohei Matsumura, Presidente do VII Congresso, uma manobra similar à de São Paulo. Novamente fracassa e não assiste ao Congresso de Tóquio.

Ali se organiza o Comitê dos Primeiros Promotores para a Federação Internacional de Psicodrama. Esse grupo elabora um acordo para organizar uma entidade internacional psicodramática, sobre bases democráticas, que preserve seus membros de manejos autocráticos. Decide-se resguardar a personalidade e a hierarquia de Moreno por um título honorífico. Essa resolução foi firmada pelos Primeiros Promotores, pelas quatro pessoas vetadas por Moreno e Kohei Matsumura, durante uma assembleia com os membros do congresso, que ofereceu seu inteiro apoio.

Embora tenha existido um total acordo no passado, o mesmo não ocorreu a seguir. A América Latina poderia converter-se em um polo poderoso que destituiria a Europa, e isso, tacitamente, não poderia aceitar-se. Soeiro sentira o mesmo que eu e concordamos que nossos esforços deveriam ser postos na América Latina. De mútuo acordo, decidimos organizar o I Encontro Argentino-Brasileiro para o mesmo ano e evidenciar a postura dos membros fundadores da Federação Internacional por meio de uma atividade de proteção para tal evento. Tal como o esperávamos, não ocorreu. A principal opositora foi Anne Ancelin Schützenberger, alegando que não se nomeava Moreno como Presidente Honorário. O jogo estava, agora, definido e claro.

Durante a realização do I Encontro Argentino-Brasileiro, constitui-se o Comitê Organizador para a Federação Latino-Americana de Psicodrama (Flas), que, posteriormente, se funda com os grupos latino-americanos e as pessoas que aceitam o convite formulado.

Antes do Encontro, numa desesperada tentativa de neutralizá-lo, a 15 de junho de 1972, é lançado, supostamente, de Beacon e do World Center of Psychodrama, Sociometry and Group Psychotherapy, um panfleto, sem firma nem direção responsável.

Seu conteúdo é difamatório, de baixo nível e destinado aos consumidores de anônimos e mercadores da honra alheia. Seria bastante doloroso pensar que essa foi a obra póstuma de Moreno e que, como diz em seu livro, "*A primeira família psicodramática*" (pág. 12), "[...] houvesse regressado por modéstia ao anonimato [...]"

Entretanto, funda-se a Federação Latino-Americana com a participação de nove grupos (um brasileiro, dois peruanos, seis argentinos) e dos signatários do primitivo Comitê Organizador. Os fundamentos da Flas são democráticos com uma Secretaria rotativa a cargo de um Secretário-Geral, eleito pelo grupo correspondente. A condição básica para o ingresso, em nível individual, é a idoneidade profissional e os antecedentes formativos, e, para os grupos, que neles se ofereça uma formação psicodramática sistematizada, com um mínimo de três anos.

Desde sua fundação até o presente, a Flas tem auspiciado três encontros argentino-brasileiros, quatro encontros argentinos, seis jornadas, sete cursos intensivos e dois congressos latino-americanos de psicodrama.

A Associação, por sua parte, continua oferecendo, no Instituto, a formação de psicodramatistas, cursos de difusão, cursos de pós-graduação, dentro e fora do país, bem como cursos de verão e cursos especiais, durante o ano, a alunos do interior e estrangeiros. A produção científica está em pleno auge e os trabalhos são apresentados em congressos da especialidade e muitos deles publicados na revista *Cadernos de Psicoterapia*.

Do ponto de vista teórico, a teoria do núcleo do Eu, o esquema de papéis e o objeto intermediário constituem, cada vez mais, a base da prática diária. Por outra parte, dá-se ênfase à investigação, ao estudo e à sistematização dos aspectos mais específicos do psicodrama, em particular o ego-auxiliar, a unidade funcional, o espaço e a expressão dramática, assim como um desenvolvimento e elaboração mais clara dos enfoques do trabalho psicodramático.

Minha intenção é conseguir uma maior e mais clara delimitação do psicodrama com relação a outras disciplinas afins, até al-

INTRODUÇÃO AO PSICODRAMA

cançar um corpo teórico coerente com seus métodos e com forma e conteúdo próprios. Considero que, enquanto se continuar a utilizar o psicodrama como "terra de ninguém", apoiando--se em uma falsa interpretação do significado da espontaneidade, ele não deixará de ser uma técnica a serviço de outras disciplinas. Assim, permanecerá a confusão do pessoal com o instrumental, da simpatia com a eficácia, da demagogia com o científico.

Entretanto, de Beacon, coincidindo com a morte de Moreno, se perfilha a fragmentação do movimento psicodramático latino-americano, que é, sem dúvida, o mais forte e numeroso, o único que atingiu uma produção científica própria e um currículo formativo estável. Para isso, recorre-se ao modelo imperialista de sempre, que deixa de lado o nível científico e opta por manejos políticos demagógicos, tendentes a controlar o movimento psicodramático na América Latina, destruindo os próprios pilares da abordagem de Moreno, como são os cinco Instrumentos Fundamentais.

Chegou-se, assim, a prescindir do ego-auxiliar e considerá-lo desnecessário, eliminando, dessa forma, o instrumento que mais caracteriza o psicodrama, demonstrando a falta de compreensão do que significa unidade funcional. Nesse mesmo sentido, têm--se deformado as funções do diretor, que agora participa com seus conteúdos, interpreta o que deveria dramatizar-se e dramatiza o que, como terapeuta, teria de elaborar. Desvirtuadas as funções de um e outro, e desvalorizado o papel do ego-auxiliar, é fácil induzir os estudantes de psicodrama a erros ideológicos e conceituais. Essa aparente "espontaneidade" e liberalidade favorecem unicamente o diretor, que fica, assim, protegido em sua falta de formação pela ausência de testemunhas, e o menor compromisso no processo terapêutico. Essas circunstâncias tendem a restabelecer, veladamente, o tradicional modelo bipessoal.

Apesar de tudo, o psicodrama já conquistou a América Latina, e conseguimos o que Moreno não alcançou nos Estados Unidos da América do Norte, onde, até hoje, não foi possível a realização de um congresso internacional de psicodrama, enquanto já organizamos dois congressos internacionais e dois latino-americanos.

Daquilo que transcende em nossas obras, a melhor homenagem que podemos fazer a Moreno não é pregar que seguimos suas ideias, mas respeitá-las em sua estrutura e fazê-las frutificar dentro das linhas de seu criador, e isso deve, a meu ver, representar o movimento psicodramático. Assim seja.

Notas do tradutor

1. O Capítulo 1 do original foi substituído pelo artigo "La sesión de psicodrama", publicado em *Cuadernos de Psicoterapia*, v. III, n. 1, Ed. Genitor, Buenos Aires, maio 1968.

2. O Capítulo 6 tem por base os artigos "El psicodrama aplicado a la enseñanza de la psiquiatría" e "Incidencia del ambiente en las dificultades de aprendizaje de la psiquiatría. Su profilaxis y tratamiento con psicodrama", publicados em *Cuadernos de Psicoterapia*, respectivamente, v. III, n. 2, e v. II, n. 1; Ed. Genitor, Buenos Aires, abr. 1967 e set. 1968.

3. O Capítulo 7 é tradução do artigo "El psicodrama", publicado em *Cuadernos de Psicoterapia*, v. IV, n. 1, Ed. Genitor, Buenos Aires, abr. 1969.

4. O Capítulo 8 é tradução do artigo "El 'objeto intermediario'", publicado em *Cuadernos de Psicoterapia*, v. II, n. 2, Ed. Genitor, Buenos Aires, set. 1967.

5. O Capítulo 9 é tradução do artigo "La música como 'objeto intermediario'", publicado em *Cuadernos de Psicoterapia*, v. IV, n. 2 e 3, Ed. Genitor, Buenos Aires, set. 1969. Colaboração de Mercedes Bini.

Referências bibliográficas

ANZIEU, D. *Le psychodrame analytique chez l'enfant*. Paris: PUF, 1956.

DAYÁN, A.; DOMENICI, V. de; MARTÍNEZ, C. M. "Algunas observaciones sobre la rivalidad y la colaboración en un grupo de psicodrama didáctico". *Revista de Psiquiatría Dinámica*, n. 2-3-4, *Anais do IV Congresso Latino-Americano de Psicoterapia de Grupo*, Porto Alegre, 1964.

ETCHEVERRY, S. M. de; PIZARRO, J. C., SANTISO, J. "Iniciación de un tratamiento psicodramático en grupo". *Revista de Psiquiatría Dinámica*, n. 2-3-4, *Anais do IV Congresso Latino-Americano de Psicoterapia de Grupo*, Porto Alegre, 1964.

GLASSERMAN, M. R. "Experiencia clínica actual en grupos de psicoprofilaxis quirúrgica — Inclusión del cirujano". *Revista de Psiquiatría Dinámica*, n. 2-3-4, *Anais do IV Congresso Latino-Americano de Psicoterapia de Grupo*, Porto Alegre, 1964a.

_____. "Experiencia clínica en grupos de psicoprofilaxis quirúrgica". *Revista de Psiquiatría Dinámica*, n. 2-3-4, *Anais do IV Congresso Latino- -Americano de Psicoterapia de Grupo*, Porto Alegre, 1964b.

_____. "Grupos de psicoprofilaxis quirúrgico". *Revista de Psiquiatría Dinámica*, n. 2-3-4, *Anais do IV Congresso Latino-Americano de Psicoterapia de Grupo*, Porto Alegre, 1964c.

LEBOVICI, S.; DIATKINE, R.; KESTEMBERG, E. "Bilan de dix ans de therapéutique par le psychodrame chez l'enfant et l'adolescent". *La psychiatrie de l'enfant*. Paris: Puf, 1958.

MARTÍNEZ, C. M.; ROJAS-BERMÚDEZ, J. G. "Algunos mecanismos de curación en psicodrama". *Revista de Psiquiatría Dinámica*, n. 2-3-4, *Anais do IV Congresso Latino-Americano de Psicoterapia de Grupo*, Porto Alegre, 1964.

MORENO, J. L. *Sociometry and the science of man*. Nova York: Beacon House, 1956.

_____. *The sociometry reader*. Illinois: The Free Press of Glencoe, 1960.

_____. *Sociometría y psicodrama*. Buenos Aires: Deucalión, 1954.

_____. *Psicodrama*. Buenos Aires: Hormé, 1961.

_____ *Psychodrama*, II. Beacon: Beacon House, 1955.

_____. *Psicomúsica y sociodrama*. Buenos Aires: Hormé, 1965.

_____. *Fundamentos de la sociometría*. Buenos Aires: Paidós, 1962.

_____. *The first book of group psychotherapy*. [1932] 3. ed. Beacon: Beacon House, 1957.

PAVLOVSKY, E. "Algunas observaciones sobre un grupo de epilépticos". *Revista de Psicologia y Psicoterapia de Grupo*, v. II, n. 1, Buenos Aires, 1962.

ROJAS-BERMÚDEZ, J. G.; MARTINEZ, C. M. "Psicodrama, psicoterapia directa". *Revista de Psiquiatría Dinámica*. n. 2-3-4, *Anais do IV Congresso Latino-Americano de Psicoterapia de Grupo*, Porto Alegre, 1964.

_____. "Algunos mecanismos de curación en psicodrama". *Revista de Psiquiatría Dinámica*, n. 2-3-4, *Anais do IV Congresso Latino-Americano de Psicoterapia de Grupo*, Porto Alegre, 1964.

ROJAS-BERMÚDEZ, J. G. (e cols.). "Evaluation of the different psychotherapeutic techniques especially with group psychotherapy and psychodrama performed throughout eight years of labour on children and adolescents". *6th International Congress of Psychotherapy*, Londres, 1964. *Selected Lectures*. Nova York: S. Karger, Basel, 1965. p. 111-7.

_____. "Psicoterapia del grupo en niños y adolescentes". *El grupo psicológico*. Buenos Aires: Nova, 1959.

ROJAS-BERMÚDEZ, J. G. "Incidencia del ambiente en las dificultades de aprendizaje de la psiquiatría. Su profilaxis y tratamiento con psicodrama". *Cuadernos de Psicoterapia*, v. II, n. 1, Ediçôes Genitor, 1967, Buenos Aires.

_____. "La sesión de psicodrama". *Cuadernos de Psicoterapia*, Ediçôes Genitor, Buenos Aires, v. III, n. 1, p. 50-61, 1968.

_____. "El psicodrama aplicado a la ensenanza de la psiquiatría". *Cuadernos de Psicoterapia*, v. III, n. 2, p. 79-86, 1968.

INTRODUÇÃO AO PSICODRAMA

_____. "El psicodrama". *Cuadernos de Psicoterapia*, Edições Genitor, Buenos Aires, v. IV, n. 1, p. 71-81, 1969.

_____. "La música como objeto intermediario". *Cuadernos de Psicoterapia*, Edições Genitor, Buenos Aires, v. IV, n. 2-3, 1969.

_____. *Títeres y psicodrama. Puppets and psychodrama.* Buenos Aires: Edições Genitor, 1970.

_____. "El objeto intermediario". *Cuadernos de Psicoterapia*, Edições Genitor, Buenos Aires, v. II, n. 2, p. 25-32, 1967.

_____. "El Núcleo del YO". *Cuadernos de Psicoterapia*, Edições Genitor, Buenos Aires, v. VI, n. 1, p. 7-41, 1971.

_____. "Evolución de la agresividad en grupos de niños". *Cuadernos de Psicoterapia*, Edições Genitor, Buenos Aires, v. VI, n. 2, p. 7-12, 1972.

_____. "De los objetos transicional e intermediario". *Cuadernos de Psicoterapia*, Edições Genitor, Buenos Aires, v. VII-VIII, p. 15-36, 1973.

_____. "Técnicas de comunicación estética con psicóticos crónicos". *Cuadernos de Psicoterapia*, Edições Genitor, Buenos Aires, v. VII-VIII, p. 97-118, 1973.

SALAS SUBIRAT, E. J.; SMOLENSKY, G. "Una experiencia psicodramática con niños". *El grupo psicológico.* Buenos Aires: Nova, 1959.

YABLONSKY, L.; ENNEIS, J. M. "Psychodrama, theory and practice". In: FROMM REICHMANN, F.; MORENO, J. L. (orgs.). *Progress in psychotherapy.* Nova York: Grune & Stratton, 1956. v.1.

leia também

PSICODRAMA E NEUROCIÊNCIA
CONTRIBUIÇÕES PARA A MUDANÇA TERAPÊUTICA
Heloisa Junqueira Fleury, Georges Salim Khouri e Edward Hug (orgs.)

Este livro fundamenta os pressupostos básicos da teoria de Moreno e das contribuições de Rojas-Bermúdez com estudos da neurociência, abordando o relacionamento terapêutico e mecanismos de mudança numa perspectiva neuropsicológica. A obra aborda, com casos clínicos, a técnica da construção de imagens e discute diretrizes para o psicodramatista contemporâneo.

REF. 20045 R$ 65,20   ISBN 978-85-7183-045-5

ANÁLISE PSICODRAMÁTICA
TEORIA DA PROGRAMAÇÃO CENESTÉSICA
Victor R. C. S. Dias

A partir das influências da Teoria do Núcleo do Eu de Rojas-Bermúdez, da ampliação da Matriz de Identidade elaborada por Fonseca Filho e da própria experiência do autor como terapeuta, professor e supervisor de psicodrama, uma nova noção de processamento é apresentada aos leitores.

REF. 20466 R$ 51,90   ISBN 978-85-7183-466-8

FUNDAMENTOS DO PSICODRAMA
J. L Moreno e Zerka Toeman Moreno

Nesta obra seminal de Moreno, o pai do psicodrama realiza uma série de conferências para médicos, psiquiatras, sociólogos, psicólogos e professores universitários de todas as partes do mundo e depois recebe comentários sobre suas ideias. Aqui ele delineia seus conceitos fundamentais, como o de espontaneidade, tele, jogo de papéis, ego-auxiliar etc. Fundamental para estudantes e profissionais de psicodrama.

REF. 20082 R$ 82,10   ISBN 978-85-7183-082-0

www.gruposummus.com.br

IMPRESSO NA
sumago gráfica editorial ltda
rua itauna, 789 vila maria
02111-031 são paulo sp
tel e fax 11 **2955 5636**
sumago@sumago.com.br

G R Á F I C A
sumago